Jeanne Martinet

Die hohe Kunst, Kontakte zu knüpfen

Jeanne Martinet

Die hohe Kunst, Kontakte zu knüpfen

So meistern Sie die großen und kleinen
Schwierigkeiten im täglichen Miteinander

Die Deutsche Bibliothek – CIP-Einheitsaufnahme

Martinet, Jeanne:
Die hohe Kunst, Kontakte zu knüpfen : So meistern Sie die großen
und kleinen Schwierigkeiten im täglichen Miteinander / Jeanne Martinet /
Aus dem Amerik. übers. von Karen Hendrix-Heberger / Landsberg am Lech :
mvg-verl., 2000
  (mvg-paperbacks ; 08658)
  Einheitssacht.: The Art of Mingling <dt.>
  ISBN 3-478-08658-2

Copyright © 1992 by Jeanne Martinet
All rights reserved. Published by arrangement with St. Martin's Press, 175 Fifth Avenue, New York, NY 10010, USA
Titel der amerikanischen Originalausgabe: „The Art of Mingling".
Übertragen aus dem Amerikanischen von Karen Hendrix-Heberger.

© der deutschsprachigen Ausgabe 2000 bei mvg-verlag im verlag moderne industrie AG, Landsberg am Lech

Alle Rechte, insbesondere das Recht der Vervielfältigung und Verbreitung sowie der Übersetzung, vorbehalten. Kein Teil des Werkes darf in irgendeiner Form (durch Fotokopie, Mikrofilm oder ein anderes Verfahren) ohne schriftliche Genehmigung des Verlages reproduziert oder unter Verwendung elektronischer Systeme gespeichert, verarbeitet, vervielfältigt oder verbreitet werden.

Umschlaggestaltung: Felix Weinold, Schwabmünchen
Satz: Fotosatz H. Buck, Kumhausen
Druck- und Bindearbeiten: Ebner Ulm
Printed in Germany 080 658/300602
ISBN 3-478-08658-2

Inhalt

Danksagungen	9
Einleitung	11
1. Der erste Schritt – die Angst überwinden	15
So tun also ob, bis Sie es können	15
Vier Überlebensstrategien für die wirklich Verzweifelten	16
Des Kaisers neue Kleider	17
Der unsichtbare Dritte	18
Der Partner	18
Der Glückspilz	19
Die Auswahl Ihrer ersten Clique	21
Üben Sie an Nervensägen	22
Der äußere Schein	23
Auf Nummer Sicher	24
2. Sesam öffne dich – Ein gelungener Autritt	27
Überall hin mit ein wenig Benimm	27
Hände schütteln oder nicht?	27
Ein Wort zum Lächeln	28
Die vier Grundlagen eines guten Auftritts	29
Der Ehrliche	29
Das Einblenden	31
Das Kompliment	31
Der Bildungstest	34
Eröffnungen, die immer funktionieren	35
3. Was nun? – Werkzeug und Anleitung für die weitere Unterhaltung	39
Erholung nach einer missglückten Einleitung	40
Geschäftliche Unterhaltungen, ja oder nein?	42
Ein ABC der Unterhaltung für Sprachlose	46
Zehn geprüfte und bewährte Tricks im Geschäft	53
Spiele	53
Party-Highlights: die Hilflose-Hannah-Methode	54
Zimmer mit Aussicht	54

Klischees nutzen	58
Geschäftsgespräche	59
Namensschilder	60
Augenkontakt	64
Der Gedankenstrich	65
Merkwürdiges über den Humor	67
Den Trumpf bei jedem Spiel einsetzen	68

4. Die große Flucht – Entkommen und Weiterlaufen ... 71

Gesprächspartner wechseln	73
Langeweile und andere Schwierigkeiten	73
Das Gesicht wahren	73
Die verschwundene Gruppe	74
Die Zeit ist um	74
Die Regeln der Flucht	75
Wissen, wohin	75
Fünf Regeln zum Überleben	76
Rückzug: neun Taktiken zum Verschwinden	77
Ehrlichkeit anders herum	77
Ausblenden	77
Wachablösung	78
Einfach verschwinden	79
Schütteln und Gehen	80
Das menschliche Opfer	81
Übereinstimmend auf und davon	83
Servus am Büffet und weitere gute Entschuldigungen	83
Ersatzangebot	85
Notausstieg	86
Die letze Rettung: Rückzug auf die unhöfliche Art	87

5. Fußarbeit – fortgeschrittene Techniken des gesellschaftlichen Umgangs ... 91

Vier Arten des gesellschaftlichen Umgangs für Fortgeschrittene	91
Der Unterhaltungskünstler	91
Der Papagei	94
Oberflächlichkeiten	96
Die Huckepack-Methode	97
Der Schmetterlingsflirt	98

Sechs Tricks für den selbstsicheren Gesellschafter — 99
  Der Falsche ist's — 99
  Unterbrechen — 101
  Einmischen — 102
  Filmdialoge — 103
  Akzente — 105
  Trinksprüche — 106
Körpersprache — 107
  Der Geheimnisvolle — 107
  Der Gefühlvolle — 109
  Diener und andere Verbeugungen — 110
Konversation: Aufhänger und Zubehör — 111
  Schmuck, Hüte, Accessoires — 111
  Zigaretten als Gesprächsaufhänger: Pro und Contra — 113
  Das Hors-d'oeuvre-Manöver — 116
Am Büffet oder der Bar — 117
Ihre Aufgaben als Gastgeber — 119

6. Drastische Maßnahmen – Verhalten in außergewöhnlichen Situationen — 123
Leben und Lügen — 123
Peinliche Momente — 124
  Falsch angezogen — 125
  Vorstellungen: ein immer währender Alptraum — 128
  Geschichten für die gute Laune — 130
  Erste Hilfe — 132
Geschlossene Gesellschaft — 133
  Die Sardinenbüchse — 133
  Schwindsüchtige Veranstaltungen — 135
  Betrunkene — 136
  Unter Gesellschaftphobikern — 138
  Die Arroganten — 140
Die sitzende Gesellschaft — 142
Schnelle Hilfe in allen Situationen — 144
  Wie man auf Handküsse und andere Berührungen reagiert — 144
  Beleidigungen — 145
  Erste Hilfe bei Panik — 146

Verluste minimieren (oder: Wann Sie aufgeben
und nach Hause gehen sollten) _____ 147

**7. Neue Technologien – gesellschaftlicher Umgang in
der Gegenwart**_____ 149
Themen und Stichworte für das neue Jahrzehnt _____ 159
   Aktuelle Themen _____ 150
   Der gegenwärtige Slang _____ 150
Die Gefahren politischer Unterhaltungen_____ 151
Der Single in der Gesellschaft _____ 155
Neue Grenzen – Terra Inkognita _____ 156
   Gespräche in der Warteschlange _____ 156
   Im Aufzug _____ 160
   Feiern mehrerer Generationen _____ 162
Gesellschaftliche Kontakte im New Age _____ 163
Gesellschaftlicher Umgang miteinander –
die neue Hoffnung _____ 165

Stichwortverzeichnis _____ 167

Danksagungen

E igentlich sollte ich wirklich allen Menschen, denen ich jemals begegnet bin, danken, aber ganz besonders danken möchte ich folgenden Personen, von denen ich Ratschläge, Geschichten sowie Unterstützung bekam.

Meg Blackstone, Linda Brown, Millie Brawley, Eliza Button, David and Tibatha Chung, Cathy Curlett, Nicolas Dalton, Trent Duffy, Joyce Engelson, Elizabeth Geiser, Chief Gordon, Virginia Graham, Camille Hykes, Steve Kurtz, Sarah und Graham Lorimer, Tom Lunde, Scott Martinet, Margaret und Bruce McElvein, Peter und Christine Mathis, Amy Mintzer, Kent Oswald, Caroline Press, MK und Herman Raucher, Margo Ross, Claire Schapiro, Larry Schlang und Bill Sweeny.

Besonderer Dank gilt meinen lieben und fürsorglichen Eltern, Leigh und Doris Martinet, und meiner Agentin, Teresa Cavanaugh, sowie meiner Herausgeberin, Barbara Anderson.

Einleitung

Sie sind auf einer Cocktailparty. Die Dekoration ist herrlich, beim Anblick des Essens läuft Ihnen das Wasser im Mund zusammen, die Gäste wunderbar – alles bestens, nicht wahr?

Falsch! Es ist ein Alptraum, und Sie würden am liebsten in den Boden versinken. Um Sie herum scheinen sich alle Anwesenden zu kennen. Sie unterhalten sich, lachen und amüsieren sich prächtig, während Sie mit dem Rücken zur Wand stehen und sich verzweifelt an jeden beliebigen Ort der Erde wünschen. Scotty – beam mich weg von hier! Nur zwei Dinge hindern Sie daran, auf der Stelle zu sterben: 1. Kein Zweifel, Sie werden den (Ex-) Freund, der Sie überredet hat, Ihren Horizont durch diese Party zu erweitern, umbringen und 2. Sollte dieser Abend jemalsvorüber gehen, werden Sie nie, nie wieder ihr sicheres Heim verlassen.

Eine Übertreibung? Vielleicht. Aber ich kenne genügend Leute aller Altersgruppen und gesellschaftlicher Schichten, die sich im intimen Gespräch einer kleinen Gruppe wohl fühlen, aber vor allen großen gesellschaftlichen Veranstaltungen jeglicher Art Panik bekommen. Sie würden alles dafür geben, gesellschaftliche Kontakte zu umgehen. Schon alleine der Gedanke, sich mit vielen unbekannten Gästen unterhalten zu müssen, lässt ihre Knie weich werden. Das ist eine Schande und fast ein Drama, denn größere Veranstaltungen – egal, ob geschäftlicher oder „gesellschaftlicher" Art – sind wahrscheinlich auf- und anregender als kleine Feiern. Durch ihre Angst behindert, lassen sich jedoch viele Menschen diese Vergnügen entgehen oder sie erscheinen in Begleitung eines Kollegen oder Freundes, mit dem sie sich dann den ganzen Abend unterhalten. Das ist auf jeden Fall besser, als wie ein Mauerblümchen alleine und unbeachtet in einer Ecke zu enden, denken sie. Und noch schlimmer wäre, sich durch ein Gespräch mit einem Fremden quälen zu müssen und kein Thema zu finden.

Menschen, die diese Befürchtungen haben (und davon gibt es mehr als Sie denken), leiden unter einer Krankheit die als

„Gesellschaftsphobie" bekannt ist. Aber ist Heilung möglich? Ja! Denn anders als Sie denken, sind „die Kunst der Unterhaltung", „gesellschaftliches Auftreten" und „ein Partylöwe zu sein" durchaus erlernbar. Es ist ganz einfach, und jeder kann es schaffen.

Richtig ist, dass gesellschaftliches Auftreten einigen Menschen leichter fällt als anderen, und es gibt sogar die ganz wenigen Beneidenswerten, die schon als Unterhaltungsgenies geboren wurden. (Ich sah einmal einen Dreijährigen, der eine ganze Gesellschaft so gut unterhielt, dass es erschreckend war.) Aber selbst jene Zurückhaltenden, entsetzlich Verlegenen und Verklemmten können einfache Methoden, Redewendungen und Verhaltensweisen erlernen, die den Unterschied zwischen Spaß und Elend, zwischen einem Abend in gesellschaftlicher Ächtung und Ekstase ausmachen.

Manche Leute behaupten, gesellschaftlicher Umgang sei nichts weiter als eine Zeitverschwendung, bei dem man sich über eine endlose Latte trivialer, unbedeutender Dinge unterhält, mit Menschen, die man niemals in seinem Leben wieder sehen wird. Gut – ich gebe zu, auch ich hatte genügend nichts sagende Gespräche über Frisuren oder Fingernägel, bei denen ich mich gefragt habe, ob es nicht wirklich Zeitverschwendung ist. Aber es waren auch mindestens vier fünf- oder zehnminütige Unterhaltungen darunter, die mein Leben nachhaltig beeinflusst haben. Es ist schon toll, in einem Raum voller Menschen zu sein, die sich miteinander austauschen! Sehen Sie mal im Lexikon nach, was dort unter „gesellschaftlichem Umgang" steht: „andere Menschen kennen lernen oder sich mit ihnen verbinden; jemanden treffen oder sich zusammenfinden." Klingt doch gut, sogar fast sexy! Macht auch viel Spaß, wie ich aus Erfahrung weiß.

Ich werde Ihnen ein Geheimnis verraten: Obwohl ich immer gern auf Partys gegangen bin – überall und immer, fiel es auch mir nicht leicht, gesellschaftlichen Umgang zu pflegen. Aber mit ungefähr 13 Jahren wollte ich unbedingt eine Gesellschaftslöwin werden. Im Laufe der Jahre habe ich mir dann die Kunst selbst beigebracht – durch Versuche und Fehler. Ich habe Ideen gesammelt und mir die Vorgehensweise zahlloser Freunde und Bekannter angeeignet. Alle meine Vorschläge sind getestet und orientieren sich am Erfolg; und meine Methode funktioniert immer.

Es gibt jedoch eines, an das Sie immer denken sollten, während Sie diese zeitlose Kunst erlernen: Ihr Ziel sollte stets sein, sich zu vergnügen. Dies ist ein absolutes und eindeutiges Gesetz; hierauf beruht ihr Erfolg als Unterhalter. Egal, ob Sie sich bei einem Geschäftsessen oder auf der Feier von Freunden befinden, ob Sie aus Liebe etwas unternehmen oder Ihrer Karriere zuliebe (Ich glaube, wir haben die Nase voll von dem Ausdruck „Vitamin B" – ich verwende ihn nur noch im Zusammenhang mit Lebensmitteln), ihr wichtigstes Vorhaben muss sein, sich gut zu amüsieren. Es gibt vielleicht Menschen, die gesellschaftliche Veranstaltungen nutzen, um beruflich weiterzukommen, aber offenbar sind sie gesellschaftlich aktiv, weil sie den Umgang mit ihren Mitmenschen genießen. Die Methoden im beruflichen Umgang sind die gleichen wie jene für den privaten Bereich. Jede der folgenden aufeinander aufbauenden Methoden ist auf fast allen Veranstaltungen anwendbar. Also – atmen Sie durch und fangen wir an!

1. Der erste Schritt – die Angst überwinden

So tun als ob, bis Sie es können

Nun gut. Da stehen Sie nun, alleine, an die Wand gedrückt in einem Raum voller Menschen. Sie sind gerade erst gekommen und haben sich schon mit zwei Dingen beschäftigt: Sie haben Ihre Garderobe abgegeben und die Gastgeber begrüßt, die sich aber schon längst dem nächsten Gast zugewandt haben oder sich um die Getränke kümmern. Und jetzt?

Erstens: *Keine Panik.* Es geht nicht nur Ihnen so. Viele Menschen möchten im Boden versinken, sobald sie kompliziertere gesellschaftliche Aufgaben bewältigen müssen. Manche ziehen sich zurück, sind nervös oder benehmen sich linkisch. Andere grinsen dümmlich oder weinen sogar. Tatsächlich kann Gesellschaftsphobie die Menschen dazu verleiten, zu viel zu trinken, zu essen, zu rauchen – sogar dazu, zu viel zu tanzen. Deshalb ist es wichtig, dass Sie sich nicht Ihren Ängsten ausliefern, besonders nicht in den ersten, schwierigsten Momenten. Versuchen Sie sich zu entspannen und sagen Sie sich: *Ich werde so lange tun als ob, bis ich es kann.*

Ob Sie es glauben oder nicht, diese einfache Zusage ist eine wirkungsvolle, fast magische Art, dem Horror vor einer Feier einen positiven Anstrich zu verleihen. Können Sie sich daran erinnern, wie Sie sich, als Sie klein waren, selbst Gruselgeschichten ausgedacht haben und später dann tatsächlich an Geister glaubten? Als Kind konnten Sie sich erstaunlich einfach Geschichten einreden, als Erwachsener ist es genauso leicht. Tun Sie so, als ob Sie überall glücklich wären; reden Sie sich ein, dass Sie zuversichtlich seien; spielen Sie Ihre Selbstsicherheit – wenn auch nur für zehn Minuten –, und es wird etwas Erstaunliches passieren: *Sie werden beginnen, sich tatsächlich so zu fühlen.* Das beruht zum Teil auch auf der Reaktion der anderen.

Betrachten wir die Dinge, wie sie sind: Es gibt nur wenige Menschen, die sich mit jemandem unterhalten wollen, der ängstlich oder depressiv erscheint. (Es sei denn, jemand gibt sich einen ganz besonders tragischen Anstrich – meist ein verkappter Gesellschaftslöwe – oder es ist ein Angehöriger der „heiligen" Fraktion, und für die ist dieses Buch nicht geschrieben.) Sie müssen üben, das zumindest leichte Unwohlsein, das Sie nun auf Ihrem Weg zu Menschen, die sie nur wenig oder überhaupt nicht kennen, zu überwinden. Als ob Sie eine Bühne betreten. Tief einatmen. Vorhang auf! Bevor es Ihnen überhaupt bewusst wird, brauchen Sie schon nicht mehr zu spielen. Ihre Angst ist vergangen und Sie genießen den Abend.

So tun als ob ist mehr eine Hilfestellung als eine bestimmte Methode, aber Sie müssen es als Grundlage all Ihrer gesellschaftlichen Eröffnungssätze und Einstiegsmanöver im Hinterkopf behalten. Es ist wie mit einem Projekt – oder einem Computer –, Ihre Einstellung dazu bereits vor Beginn der Arbeit ist das Wichtigste. In den ersten Minuten einer schwierigen Herausforderung ist das, was Sie vermitteln, wichtiger als das, was Sie vielleicht fühlen.

Vier Überlebensstrategien für die wirklich Verzweifelten

Manchmal genügt es nicht, nur so zu tun als ob, nämlich dann, wenn Sie in eine Gesellschaft kommen, die Ihnen wirklich Angst einjagt. Am entsetzlichsten sind für mich die Snobs bei Vernissagen, hochrangige Proleten, Möchtegerne-Modedesigner und Filmproduzenten. Aber auch wenn Ihre persönlichen Alpträume sich eher auf eine Ansammlung von Yuppies, Angehörige des Jet-Set oder Berühmtheiten beziehen, egal, ob Sie einen ultra wichtigen Geschäftstermin haben oder ein absolutes Szene-Lokal besuchen – die folgenden Überlebenstricks können Sie retten. Dabei müssen Sie allerdings beachten, dass Veranstaltungen wie ein Treffen zum 25jährigen Bestehen des Abiturs nicht unter diese Kategorie fallen und eine andere, einfachere Vorgehensweise erfordern. Die folgenden Vorschläge sind für Situationen gedacht, in denen Sie zu ersticken drohen; wenn Sie nahe daran sind, Ihren Namen oder den Ihres Gastgebers zu vergessen, wenn Sie plötzlich nicht mehr wissen, warum Sie überhaupt eingeladen wurden, und denken, dass alles nur auf einem furchtbaren Missverständnis beruht.

Natürlich variieren die Gründe für den Einsatz derartiger Vorstellungen. Besonders zurückhaltende Menschen, die in den vergangenen Monaten nicht mehr außer Haus waren, können sich immer auf sie verlassen, während sie anderen (wie mir), so großen Spaß machen, dass sie zum reinen Vergnügen eingesetzt werden. Wie auch immer – Sie gewinnen sofort soviel gesellschaftliche Sicherheit, dass es für eine ganze Ansammlung erschreckender Fremder ausreicht. Alles, was Sie brauchen, ist ein bisschen Fantasie.

Des Kaisers neue Kleider

Stellen Sie sich vor, Sie sind gerade auf einer großen Feier angekommen. Während Sie den Raum betreten bemerken Sie, 1. dass Sie niemanden kennen, 2. alle anderen wesentlich wichtiger sind als Sie und 3. Ihnen in diesem Moment jegliche Selbstsicherheit, die Sie hatten, abhanden gekommen ist.

Versuchen Sie es einmal damit: Stellen Sie sich vor, dass jeder – außer Ihnen natürlich –, der sich in diesem Raum befindet, nackt ist. Selbstverständlich können Sie auch andere Fantasien entwickeln und jeden genauso erscheinen lassen, wie er Ihrer Meinung nach komisch und schwach aussieht. Manche Menschen finden es witziger, sich alle Anwesenden in der Unterwäsche vorzustellen (am besten schon abgetragen und verwaschen); andere finden leichte Bekleidung, wie Socken, Schuhe, Krawatte und mit Schmuck behängt, amüsanter. Aber egal, was Sie sich ausdenken; wenn Sie sich schwach und verletzlich fühlen, haben Sie die Trümpfe in der Hand und können Ihr Selbstbewusstsein auf Feiern stärken. Alte Freunde werden sich überrascht fragen, warum Sie um alles in der Welt lachen, und Fremde werden auf Sie ob Ihres ungezwungenen Verhaltens fliegen. (Bitte beachten Sie aber: Sie sollten diesen Rat nur dann anwenden, wenn Sie unter wirklicher „Gesellschaftsphobie" leiden. Treiben Sie keinen Schabernack damit!)

Der unsichtbare Dritte

Hier kommt eine alte Weisheit zum Zuge, wie ich sie immer von meiner Mutter zu hören bekam. Niemand beachtet Sie, denn alle sind viel zu sehr mit sich selbst beschäftigt. Natürlich stimmt das nicht ganz, ist aber im Prinzip wahr. Hierauf bezieht sich „Der unsichtbare Dritte" und geht sogar noch einen Schritt weiter.

Sind Sie bereit? Also: Sie sind einfach nicht da. Es gibt Sie gar nicht. Glauben Sie denn, jemand beachtet Sie und ärgert sich, warum Sie niemand anspricht? Falsch! Alle schauen durch Sie hindurch. Das Essen auf dem Tisch, die Wand, ein anderer Gast werden angeschaut. Können Sie sich an den Film „Der unsichtbare Dritte" von 1933 erinnern, in dem Claude Rains seine Verbände abnimmt und plötzlich unsichtbar war? Welch ein Vorteil für ihn! Er hat sich wirklich gut amüsiert. (Vielleicht wollen Sie aber auch den bekannten *„Schattenmann"* aus den Radiokrimis vergangener Zeiten zum Vorbild nehmen.) Nachdem Sie nun unsichtbar sind, liegt es an Ihnen, zu machen, was Sie wollen. Schlendern Sie völlig entspannt im Raum umher, betrachten Sie die Gäste, die Einrichtung, die Bilder, alles, was Sie wollen. Auf diese Weise können Sie, psychologisch ausgedrückt, Mut fassen und erst dann erscheinen und sich zu einer Gruppe gesellen, wenn Sie dazu bereit sind. (Warnung: Diejenigen von Ihnen, die sich sowieso gern zurückziehen, sollten vorsichtig sein, denn Sie dürfen nicht zu lange unsichtbar bleiben. Mein Vorschlag: Geben Sie sich eine Zeit vor, nach der Sie wieder erscheinen. Anwesenheit ist Gesetz!)

Der Partner

Können Sie sich an die Ausflüge während Ihrer Kindergartenzeit erinnern? Damals bildete die Kindergärtnerin immer Zweier-Reihen, damit alle zusammen blieben. In meinem Kindergarten hieß dies „Paare" bilden. Hier sind Sie also nun ganz verloren in diesem Raum voller Fremder. Wie können Sie den Mut aufbringen, um jemanden anzusprechen?

Ganz einfach. Sie und Ihr „Partner" gehen zusammen hin. Stellen Sie sich vor, hinter Ihnen, ganz nah an Ihrem Rücken steht Ihr bester Freund und hört alles, was Sie sagen. Und schon geht es besser. Sie fühlen sich sofort ruhig und sicher. Denn Ihre Freunde mögen und verstehen Sie, oder nicht? Und wahrscheinlich denken sie auch das Gleiche wie Sie, während Sie all diese Leute kennen lernen. Sie können sich während der Unterhaltung den Gesichtsausdruck Ihres Freundes vorstellen und seine Reaktion auf alles, was Sie sagen. Falls Sie dann auch noch jemand hochnäsig behandelt, ist sein Kommentar nur: „Was für ein Idiot."

Wie immer gibt es auch hier eine Regel, die Sie beachten müssen: Reden Sie nicht mit Ihrem fiktiven Partner (zumindest nicht laut).

Der Glückspilz

Dies ist genau das Gegenteil des „unsichtbaren Dritten". Manchen Lesern mag es übertrieben erscheinen, aber ich finde es so gut und mir macht es so viel Spaß, dass ich es – besonders den unternehmungslustigeren Gesellschaftsneulingen – nur wärmstens empfehlen kann. Behalten Sie aber im Auge, dass diese Phantasievorstellungen ausschließlich dazu dienen, Hemmungen zu überwinden, Ihnen die ersten Schritte zu erleichtern und Ihre Metamorphose von einem Mauerblümchen mit Minderwertigkeitskomplex zu einem aktiven, unterhaltsamen Partymitglied zu fördern. Und so gehen Sie vor:

Spielen Sie kurzzeitig jemanden anders. Das erscheint ein bisschen drastisch, noch dazu, wo Ihnen seit Ewigkeiten gepredigt wird, „Sie selbst" zu sein, aber im Augenblick stehen Sie hier starr vor Entsetzen auf einer Feier und wünschen sich sowieso nichts anderes, als verschwinden zu können. Also, dann tun Sie es doch. Der Mensch, der Sie normalerweise sind, bereitet Ihnen im Moment Kopfzerbrechen und fühlt sich hier gar nicht wohl. Suchen Sie sich eine Berühmtheit aus; jemand, dessen Aussehen, Benehmen oder Persönlichkeit Sie bewundern und – schlüpfen Sie in seine Rolle. Wenn Sie es richtig angestellt haben, hilft Ihnen diese Methode schneller als alle anderen Überlebensstrategien, da die meisten Menschen von Stars ein gesellschaftliches Auftreten erwarten. Diese Fähigkeit geht auf Sie über.

Als ich noch rauchte (mehr zu diesem Thema später), nahm ich mir oft Bette Davis als Vorbild – besonders auf den wirklich großen Feiern. Ich stellte sie mir in einer ihrer Rollen, meist aus dem Film „All about Eve" vor und bald merkte ich dann, wie meine Augenbrauen sich hochzogen und mein Körper sich entspannte, während ich das gesellschaftliche Schlachtfeld mit einem wirklich gelangweilten Blick beobachtete. In meiner Rolle als Bette Davis wollte ich nicht nur gesellschaftlichen Umgang haben, sondern stürzte mich förmlich darauf.

Niemand kam je auf die Idee, bei meinem Anblick loszuschreien: „Schaut euch dieses verrückte Huhn an, sie tut doch glatt so, als ob sie Bette Davis wäre!", denn natürlich kam keiner auf den Gedanken, dass ich sie imitierte. Alle sahen nur das Ergebnis – eine selbstsichere – und vielleicht interessante – junge Frau. Genauso wird es bei Ihnen, sollten Sie diese Methode nutzen, niemand bemerken. Denn all diese Fantasievorstellungen haben eines gemeinsam – sie sind geheim. Sie müssen auch nicht unbedingt einen Star darstellen; ein Vorbild kann auch jemand sein, den Sie in Wirklichkeit kennen und der sich immer wohl fühlt (oder besser gesagt, diesen Eindruck vermittelt, denn wahrscheinlich geht es ihm nicht anders als Ihnen). Die einzige Notwendigkeit ist, dass Sie jemanden wählen, den Sie recht gut kennen, je besser, desto leichter wird es für Sie, seinen Charakter anzunehmen.

Einige weibliche Glückspilze: Bette Davis, Mae West (besonders dann, wenn Sie sowieso der Typ sind, der sich mit der Hand gerne in der Hüfte abstützt), Ingrid Bergmann, Liza Minnelli, Vivien Leigh (natürlich in ihrer Rolle als Scarlett), Bette Midler, Katharine Hepburn, Madonna, Claudia Schiffer, Julia Roberts, Jackie Onassis, Sophia Loren und Grace Kelly. Vorbilder für Männer sind: William Powell, Fred Astaire, Cary Grant, Humphrey Bogart, David Niven, Jack Nicholson, Hugh Grant oder auch JFK. Sie sollten aber keine Berühmtheiten wählen, die zwar Charisma haben, aber erschreckend auf andere wirken (wie Richard Nixon, Vincent Price, Peter Lorre oder Cruella De Ville).

Alle diese Überlebensstrategien müssen geübt werden, besonders dann, wenn Sie sie zum ersten Mal anwenden. Doch glauben Sie mir, sie werden Ihnen weiterhelfen, besonders dann, wenn Sie zu den Menschen gehören, die bereits zu Beginn einer gesellschaftlichen Verpflichtung in eine mehr oder weniger ausgeprägte Starre verfallen. Vielleicht entwickeln Sie auch Ihre eigene Überlebensstrategie – eine, die besser zu Ihnen passt als die von mir vorgeschlagenen. Das wäre natürlich ideal. Aber Finger weg von bösartigen Methoden – sie sind für gesellschaftlichen Umgang untauglich!

Und nun sind Sie – abgefedert durch die am besten zu Ihnen passende Phantasievorstellung, bereit, auf andere Menschen zuzugehen und „echten" Umgang zu pflegen.

Die Auswahl Ihrer ersten Clique

Wie beim Spiel und in der Kunst es ist das Wichtigste, sich zu entscheiden, womit man beginnen möchte. Jede Party und größere Versammlung hat ihre Höhepunkte, ihre VIP-Versammlungen und ihre Stimmungskanonen. Sollen Sie sich nun geradewegs auf die lauteste, dominanteste Gruppe im Raum stürzen?

Bloß nicht! Zumindest nicht, solange Sie sich nicht in einem mittleren bis fortgeschrittenen Stadium des gesellschaftlichen Umgangs befinden. Immerhin haben Sie sich gerade eine Überlebensstrategie ausgedacht, um überhaupt so weit zu kommen, und wollen nicht Ihren neu erworbenen Mut riskieren, indem

Sie sich zum Gespött des lautesten und witzigsten Gastes machen. Sie müssen eine Gruppe finden, in der Sie sich sicher fühlen können.

Üben Sie an Nervensägen

Genau das. Suchen Sie sich die tristeste, langweiligste und schwächste Gruppe aus. Die ist natürlich von Fest zu Fest verschieden und eine Sache der Einstellung. Meistens handelt es sich jedoch um „semi"-ruhige Gäste, vielleicht etwas unattraktiver als die anderen Geladenen und meist auch etwas schlicht oder unpassender gekleidet. Oft kann man sie leicht an ihren verlorenen, etwas dümmlichen Gesichtern oder ihrem schleifenden Gang erkennen oder daran, wie sie aufmerksam die Dekorationen an der Wand studieren. Wie dem auch sei, Sie müssen sich diese erste Gruppe (je nachdem, wie viel Sie üben müssen) als Ihr Schmierpapier, Ihren Skizzenblock oder Ihre Kostümprobe vorstellen. Es kommt nicht darauf an.

Denken Sie daran, während Sie auf diese Leute zugehen, dass Sie jetzt mit dem kleinsten gemeinsamen Nenner der geladenen Gäste in Verbindung treten, und obwohl deren Unterhaltung informativ sein kann, liegt der Sinn darin, dass Sie sich selbst beobachten können, verschiedene Strategien erlernen und herausfinden, wie Sie darauf reagieren. Hat Ihre Antwort natürlich geklungen oder wie auswendig gelernt? War sie auch passend?

Hier können Sie nun die gesellschaftlichen Verhaltensstrategien erproben, was Sie sich woanders nie getraut hätten, denn es gibt nichts zu verlieren. Natürlich müssen Sie bedenken, dass die Reaktionen, die Sie erhalte, nicht unbedingt identisch mit denjenigen eines witzigeren Kreises sind. Dennoch ist die Gelegenheit unbezahlbar, und Sie sollten Sie unter allen Umständen wahrnehmen.

Einer meiner Freunde war völlig abgestoßen, als ich diese Methode erläuterte. Zunächst dachte ich, er sei so wütend, weil ich andere Menschen unverschämterweise als Langweiler beschrieben hatte, aber da irrte ich mich.

„Wie kannst du so etwas vorschlagen?" tobte er. „Ich hätte Angst, dass ich selbst in den Ruf käme, eine Nervensäge zu sein, wenn ich mich mit solchen Leuten abgebe!" Das ist ein verständliches Argument, aber bedenken Sie Folgendes: Erstens stehen nicht so viele echte Langweiler zur Auswahl; meist handelt es sich darum, nicht angeben zu wollen. Zweitens werden die anderen Anwesenden Sie nicht gleich als Langweiler einstufen, nur weil Sie sich mit ihnen (so es echte Langweiler waren) unterhalten haben. Ein guter Gesellschafter unterhält sich auf einer Feier von sich aus mit so vielen Gästen wie möglich, und niemand wird Sie verurteilen, so lange Sie nicht zu viel Zeit mit dieser einen Gruppe verbringen, wovon auch ausdrücklich abgeraten wird. Es gibt auch noch die Alternative, auf eine reine Langweiler-Party zu gehen, auf der Sie, wenn Sie wollen, wirklich abenteuerliche Methoden des gesellschaftlichen Umgangs ausprobieren können. (Wobei sich natürlich die Frage stellt, warum Sie eingeladen wurden.)

Hin und wieder werden Sie sich auch in der unangenehmen Situation befinden, dass es auf der ganzen Feier absolut keine Langweiler gibt, und alle Geladenen nur so vor Esprit sprühen. In diesem Fall müssen Sie gleich und ohne stressfreie Anlaufzeit loslegen.

Der äußere Schein

Wenn es nun keine Langweiler zum Üben gibt oder Sie keine Lust verspüren, sich mit diesen abzugeben, gibt es noch eine andere Möglichkeit, ein leichtes und sicheres Opfer für den gesellschaftlichen Umgang miteinander zu finden. Ich habe diese Methode gelernt, indem ich meinen Vater, einen Musiker, auf einer ziemlich verstaubten Feier von Rechtsanwälten und Bankern beobachtete. Er stand ungefähr fünfzehn Minuten lang da, betrachtete die Versammlung und sprach kein Wort. „Ein wahrer Musiker", dachte ich, „absolut gesellschaftsunfähig." Plötzlich ging er schnurstracks auf einen Mann zu, der alleine in einer Ecke stand. Kurz darauf befanden sich beide in einer angeregten Unterhaltung und lachten laut. Neugierig ging ich auf sie zu. („Hallo Papa, ..." ist, ganz nebenbei bemerkt, ein großartiger Einstieg.) Das „Opfer" meines Vaters war ein Journalist, und es stellte sich heraus, dass beide ähnliche Ansichten hatten. Sie unterhielten sich den ganzen Abend lang.

Später fragte ich meinen Vater, wie er unter all den Partygästen auf diesen Mann gekommen war. „Ganz einfach", erwiderte er, „er war der Einzige ohne Anzug und Krawatte." Mein Vater, der, wenn es sich umgehen lässt, niemals Anzug und Krawatte trägt, hatte seine Zielperson aufgrund eines ähnlichen Geschmacks gewählt, und mit dem Hintergedanken, dass die Kleidung des Mannes der Spiegel seiner unkonventionellen Einstellung war. Womit er Recht hatte.

Tatsache Nummer eins: Sie können oft anhand der Kleidung viel über einen Menschen erfahren. Tatsache Nummer zwei: Es ist meistens leichter, sich mit jemandem auszutauschen, der einem selbst ähnlich ist. Deshalb sind Ihre Chancen, sich gut und entspannt zu unterhalten, mit jenen Menschen am größten, die so angezogen sind wie Sie oder so, wie Sie es gerne wären. Und da Sie sich am Anfang Ihres gesellschaftlichen Lebens befinden und vielleicht aufgeregt sind, ist es lebenswichtig, dass Ihre ersten Begegnungen gut verlaufen, oder Sie werden aufgeben und sich, noch bevor Sie richtig begonnen haben, wieder zurückziehen.

Auf Nummer Sicher

Erinnern Sie sich bei der wichtigsten Entscheidung, nämlich, mit wem Sie sich zuerst unterhalten sollen, an eine der einfachsten und ältesten Grundregeln in der Geschichte gesellschaftlichen Umgangs miteinander: Viele Menschen vermitteln Sicherheit.

Egal, ob Sie einen freundlichen Anfang machen oder auf die dramatische Tour beginnen, je größer die Anzahl der Geladenen, desto geringer ist die Gefahr für Sie, einen Clown aus sich zu machen. Entweder werden Sie beim Eintritt von allen bemerkt, und Ihre Eröffnungsworte fallen auf fruchtbaren Boden, denn einige (zumindest aber einer) werden höflich genug sein, um sich Ihnen zuzuwenden, oder aber es nimmt niemand Notiz von Ihnen und Sie können in Ruhe zuhören, die Anwesenden betrachten und sich einen Eröffnungssatz zurechtlegen – oder Sie ergreifen die Gelegenheit und wenden sich einer anderen Gruppe zu.

Im Allgemeinen gilt: Je größer die Feier, desto mehr Auswahl haben Sie. Am wichtigsten ist vielleicht, dass Sie in einer großen Gesellschaft nie diese peinlichen Gesprächspausen überwinden müssen, bei denen plötzlich jegliche Unterhaltung erstirbt. Das kann Ihnen bei kleineren Gesellschaften durchaus passieren, wobei hier das beste Gegenmittel immer noch ein grandioser Auftritt ist.

2. Sesam öffne dich – ein gelungener Auftritt

Überall hin mit ein wenig Benimm

Nun haben Sie sich Ihre Zielgruppe ausgesucht und sind für Ihren Auftritt bereit. Bevor wir zu den Einzelheiten kommen, gilt es jedoch, einige Dinge zu bedenken.

Hände schütteln oder nicht?

Hier geht es nicht darum, wie Sie aufhören zu zittern, sondern um diese altmodische Gewohnheit des Händeschüttelns, die seit Alters her ein Zeichen guten Benehmens ist.

Ich finde es in den meisten Situationen – sogar bei geschäftlichen Veranstaltungen – ein äußerst riskantes Unternehmen. Oft wird dadurch in dem Kreis, den Sie betreten, eine bereits fließende Unterhaltung unterbrochen, ganz abgesehen davon, dass viele Gäste bereits etwas in den Händen halten – ein Glas, eine Zigarette oder dergleichen mehr. Auch kann es, mehr als Ihnen vielleicht lieb ist, die anderen darauf hinweisen, dass Sie sich entschlossen haben, sich zu dieser Gruppe zu gesellen.

Deshalb mache ich es mir zur Regel, (auch wenn die meisten von uns im Laufe ihrer Erziehung anderes gelernt haben) in einer Gruppe, die mehr als zwei Personen umfasst, keine Hände zu schütteln, es sei denn, ich werde von einer dritten Person vorgestellt. Es gibt jedoch Ausnahmen: Einige Gesellschaften oder Eröffnungssätze bedingen Händeschütteln, und natürlich fängt auch hin und wieder jemand anders damit an.

Männer: Dies wird schwer für euch. Aus irgendeinem Grund schütteln Männer gerne jederzeit und überall Hände. Nähen Sie Ihre Hand wenn nötig in der Tasche fest, aber fangen Sie nicht mit dem Händeschütteln an. Es sei denn, jemand anders fordert Sie durch eine hingehaltene Hand dazu auf.

Ein Wort zum Lächeln

Jeder Mensch hat seinen persönlichen Stil zu lächeln, aber es gibt ein paar allgemein gültige Regeln, wenn Sie sich zu einer Gruppe gesellen. Mein Vorschlag: Lächeln Sie nicht oder nur mit geschlossenem Mund, es sei denn, Ihre Ankunft wird von allen bemerkt und unterbricht das Gespräch. Ein Lachen, bei dem die Zähne blitzen, kann zu fröhlich wirken, und es ist befremdend oder sogar abstoßend, wenn ein völlig Unbekannter mit einem riesigen Lachen auf den Lippen auf Sie zugeht. Zumindest aber wirkt es fehl am Platz, und der Angelachte fragt sich, ob er nicht vielleicht sogar ausgelacht wird. Andererseits wirkt ein zurückhaltendes Lächeln mit geschlossenem Mund geheimnisvoll, vornehm und fein. Denken Sie daran, dass Sie die Leute, mit denen Sie sich unterhalten möchten, nicht verschrecken wollen!

Wie immer gibt es auch hier Ausnahmen von der Regel. Aber Sie wissen wahrscheinlich, ob das auch auf Sie zutrifft. Ich kenne zum Beispiel jemanden, der ein sehr bezauberndes Lachen hat. Seine Zähne sind so weiß, dass sie fast blenden, und sein Lächeln strahlt eine so starke Persönlichkeit aus, dass sich die Leute um ihn scharen, wo immer er auftritt. Er driftet locker und unbefangen ohne jegliche Ahnung von gesellschaftlichem Umgang zwischen den verschiedenen Anwesenden hin und her und lacht. Ganz klar, wenn Sie diese Gabe haben, sollten Sie darauf vertrauen und Ihre Zähne zeigen, so viel Sie wollen (und vielleicht noch mehr).

Sie sollten sich wiederum auch nicht zu viele Gedanken um Ihr Lächeln machen, denn dann verkrampft sich Ihr Mund und wirkt unnatürlich. Den meisten Menschen fällt gar nicht auf, wann und wie sie lachen, und das ist auch ganz gut so. Aber wenn Sie sich erinnern möchten, in welchem Moment welches Lachen angepasst ist, wird Ihnen der folgende Vers in Erinnerung bleiben:

> *Beim Begrüßen*
> *Die Lippen schließen*
> *Auch noch danach,*
> *immer gemach.*
> *Erst nach guten Geschichten*
> *Darf man die Zähne sichten.*

Die vier Grundlagen eines guten Auftritts

Der Ehrliche

Wenn Sie diese Methode versucht haben und ihre Wirkung kennen, werden Sie sich wundern, warum so wenig Leute davon Gebrauch machen. Ich erinnerte mich eines Abends daran, als ich mich auf einer verstaubten Feier für einen Bestseller-Autoren ganz besonders verloren und einsam fühlte. Ich kannte keinen der anderen Gäste, die sich in kleinen, abgeschotteten Grüppchen zu zwei oder drei Leuten unterhielten – genau die Konstellation, die am schwierigsten zu knacken ist. Ein paar Minuten lang schlüpfte ich in eine meiner Überlebensrollen und ging dann schnurstracks auf einen recht sympathisch aussehenden Mann zu, der völlig in seine Unterhaltung versunken war. Ich stellte mich so lange neben ihn, bis er mich bemerkte (ungefähr zwei oder drei Minuten lang, aber das kann in dieser Situation eine Ewigkeit sein) und sagte dann: „Entschuldigen Sie, ich möchte Sie nicht stören, aber ich bin hier fremd und kenne niemanden. Ich heiße …"

Damals dachte ich, es wäre ein ziemlich gefährliches Unternehmen. Stellen Sie sich meine Freude vor, als dieser Mann, Peter hieß er, lächelte, als habe er gerade im Lotto gewonnen und mir erklärte, dass er sich schon oft auf einer Feier so vorstellen wollte, aber im letzten Moment dann doch immer wieder einen Rückzieher gemacht hatte, weil er sich nicht traute. Er fand es großartig, dass ich den Mut aufbrachte, ihn so anzusprechen. Das Resultat war eine lange und angeregte Unterhaltung, und ungefähr eine Woche nach der Feier erhielt ich einen Brief von Peter, in dem er sich nochmals dafür bedankte, dass er eine wichtige kommunikative Fähigkeit erlernt hatte. Ich gebe zu, dass dies ein außergewöhnlicher Fall ist. Aber seither habe ich das oft und mit wechselndem Erfolg wiederholt (jedoch leider nie mehr Fan-Post erhalten).

Die ehrliche Methode funktioniert, weil sie uns an eine uns allen bekannte Situation erinnert und der angesprochenen Person unmittelbar die Macht zuteilt, wodurch eine konfliktarme Situation geschaffen wird. Sie müssen nur aufrichtig klingen, und das funktioniert am besten, wenn Sie es wenigstens teilweise ehrlich meinen. Deshalb sollten Sie diese Methode vorzugsweise dann nutzen, wenn Sie wirklich niemanden kennen. Außerdem können Sie diese Eröffnung nur ein Mal, höchstens zwei Mal auf ein und derselben Feier anwenden. Sprechen Sie jemanden auf diese Weise an, der Sie schon vorher im Gespräch mit jemand anderem beobachtet hat, ist Ihre Glaubwürdigkeit dahin.

Merke: In dieser Situation ist ein Handschlag angebracht, ja, sogar von Nutzen. Sie unterbrechen eine Unterhaltung und das Händeschütteln kann als verbindendes Element dienen.

Wie mit vielen gesellschaftlichen Umgangsformen funktioniert auch die ehrliche Methode am besten, wenn sie auf Ihre persönlichen Bedürfnisse zugeschnitten ist. Wie auch immer Sie es versuchen, Sie werden entdecken, dass es Spaß macht, Ihre eigene Methode zu entwickeln.

Das Einblenden

Normalerweise ist dieses sich Anschleichen wie ein Dieb in der Nacht für meinen Geschmack zu langsam und wenig aufregend, aber ich kenne viele Leute, die darauf schwören.

Bewegen Sie sich so unauffällig, wie es nur geht, auf die Gruppe Ihrer Wahl zu. Hören Sie sorgfältig zu, über was gesprochen wird, während Sie immer näher kommen. Der Grundgedanke dieser Methode ist, sich unbemerkt in den inneren Kreis einzuschleichen und zu einem Teil zu werden, bevor jemand auf den Gedanken kommt, dass Sie ein neues Gesicht sind. Wenn Sie der Unterhaltung auf ihrem Weg in die Gruppe sorgfältig zugehört haben, wird es Ihnen gelingen, Ihre Meinung an der richtigen Stelle so mitzuteilen, als ob Sie schon von Anfang an dabei gewesen wären. Sollten Sie hingegen durch Zufall entdeckt werden, bevor Ihre Integration vollzogen ist, haben Sie immer noch die Möglichkeit, durch eine witzige Bemerkung sofort angenommen zu werden.

Der Schlüssel zum Einblenden ist, so zu tun, als ob Sie schon immer dazugehört hätten, als ob Sie bereits seit Stunden in dieser Gruppe seien und sich zum Broterwerb mit diesen Leuten unterhielten. Sie werden feststellen, wie leicht es ist, Menschen nur durch geschicktes Verhalten zu gewinnen.

Warnung: Blenden Sie sich komplett ein! Es ist absolut wichtig, dass Sie innerhalb einer gewissen Zeitspanne entweder voll integriert sind – und mitreden – oder aber zu einer anderen Gruppe weitergehen. Gerade wenn Sie unsicher sind, haben Sie die Tendenz, sich in der Peripherie der Gruppe aufzuhalten, zuzuhören und selbst keinen Laut von sich zu geben. Dies ist kein gesellschaftliches Verhalten! Mutieren Sie nicht zum Festgespenst!

Das Kompliment

Diese Methode scheint sich selbst zu erklären, aber auch bei Komplimenten gibt es eine korrekte Art und eine weniger gute Variante. Und dies gilt besonders bei Gesellschaften. Während alle Menschen auf eine bestimmte Form von Komplimenten reagieren, gibt es andere, die die zerstörerische Kraft einer

Atombombe entwickeln. Hier ein kurzer Test für Sie, anhand dessen Sie Ihr Komplimente-Potential bestimmen können.

Eröffnungssatz   **ja oder nein?**

1. „Entschuldigen Sie, aber mir ist Ihr hübsches Kleid (Ihr Anzug) aufgefallen. Wo haben Sie es (ihn) gekauft?"
2. „Hallo! Das sind ja tolle Ohrringe!"
3. „Entschuldigen Sie, aber Sie haben den Körper einer Göttin. Treiben Sie Sport?"
4. „Es tut mir Leid, aber Sie scheinen alle so nett zu sein. Darf ich mich mit Ihnen unterhalten?"
5. (Flüstern) „Servus. Stört es euch, wenn ich mich mit euch unterhalte? Ihr scheint die einzig interessante Gruppe auf der ganzen Feier zu sein."
6. „Hey, macht es euch etwas aus, wenn ich mich diesem exklusiven Kreis hochkarätiger Macher und Manager anschließe?"
7. „Grüß euch! Ich habe euer Gelächter aus der anderen Zimmerecke gehört, und weil Ihr die lustigsten Leute zu sein scheint, habe ich mich entschlossen, hierher zu kommen, um mich zu unterhalten."

Und hier Ihr Ergebnis:

1. **Die Antwort ist nein.** Manchmal ist es besser, keine Komplimente zu machen, als sich damit ins Fettnäpfchen zu setzen. Wenn es sich nicht offensichtlich um eine Verkleidung handelt, die Bemerkungen provozieren soll (und damit gehen Sie lieber auf Nummer Sicher), ist so ein Kompliment als Eröffnungssatz zu persönlich und wirkt bedrohlich. Bei dieser Bemerkung ist nicht nur vom Kleid die Rede, sondern auch von der ganzen Ausstrahlung des Trägers, seiner Figur und seinem Stil, und das gleich zu Beginn zu sagen ist einfach unpassend. Nachdem Sie sich eine Weile miteinander unterhalten haben, ist so ein Satz vielleicht möglich, aber auf keinen Fall am Anfang.
2. **Ja.** Es ist wesentlich passender, die Accessoires zu loben. Hiermit kommentieren Sie den guten Stil der Trägerin, ohne

gleich zu persönlich zu werden. Als Eröffnungssatz ist dies gut gewählt, denn dann könnte eine Frage nach der Herkunft folgen, und je nach Antwort („aus China", „vom Freund meiner Mutter", „selbst gemacht") kann sich daraus ein neues Gesprächsthema ergeben, besonders dann, wenn Sie sich mit der Antwort auf ein interessantes Gebiet begeben können. **Aber Achtung:** Vergewissern Sie sich, dass Ihre Gesprächspartnerin wirklich Ohrringe trägt, bevor Sie loslegen.

3. **Ganz entschieden nein!** Das ist nicht nur ein billiges Kompliment sondern zu persönlich, zu übertrieben und zu stark aufgetragen. Übertreibungen sind immer unpassend, auch wenn Sie gut miteinander bekannt sind, und haben einen schlechten Beigeschmack.

4. **Auf den ersten Blick erscheint es möglich, aber die Antwort lautet nein.** Obwohl es den Eindruck eines ehrlich gemeinten Kompliments macht, können Sie beim ersten Kontakt gar nicht wissen, ob die Leute wirklich nett sind, denn Sie haben sich ja noch gar nicht kennen gelernt. Außerdem erscheint es zu übertrieben und unecht. Eine schlagfertige Antwort könnte lauten: „Da täuschst du dich aber; wir sind ein ganz entsetzlicher Haufen, mit dem du bestimmt nichts zu tun haben möchtest."

5. **Nein.** Ob Sie es glauben oder nicht. Ich dachte auch, dass es funktionieren könnte, und beschloss im vergangenen Jahr anlässlich einer Weihnachtsfeier, es auszuprobieren. Hinterher habe ich es bereut, denn es war ein absoluter Reinfall. Die beiden Angesprochenen schauten mich an, als ob ich unter Aussatz leiden würde, und während ich noch damit beschäftigt war, den Grund herauszufinden, hörte ich hinter mir, da, wo ich dachte, dass niemand stehen würde, eine schockierte Stimme sagen: „Was für eine Frechheit!" Zu meinem Entsetzen hatte mich jemand gehört, und es kostete mich einige Anstrengungen, die Sache wieder gerade zu biegen. Auch wenn Sie nicht belauscht werden, taugt der Vorschlag aus zwei Gründen nicht: Die Angesprochenen können gute Freunde des Gastgebers oder anderer Gäste sein und Ihre Bemerkung als Beleidigung auffassen, und dann ist es einfach eine zu herabsetzende Aussage, um als Kompliment gelten zu können.

6. **Ja und nein.** Wenn die Gruppe, zu der Sie sich gesellen möchten, aus Geschäftsfreunden besteht, die nicht wesentlich erfolgreicher sind als Sie selbst, ist es ein gutes, humorvolles Kompliment. Wenn sich jedoch unter den Anwesenden wirklich einige hochkarätige Manager befinden, ist es ein entsetzlicher Fauxpas. Eine solche Gruppe muss mit Vorsicht angegangen werden, um nicht zu viel Aufmerksamkeit darauf zu lenken, dass jemand mit niedrigerem Status die Frechheit besaß, sich dazuzugesellen.
7. **Ja.** Dies ist die Art Kompliment, die für den Anfang passend ist. (Angenommen, Sie betreten einen Kreis, in dem wirklich gerade gelacht wurde.) Die Angesprochenen fühlen sich wohl, das Kompliment wirkt nicht bedrohlich oder zu persönlich. Außerdem ist es glaubhaft, denn gute Laune zieht Menschen an. Wie allen Eröffnungssätze muss auch dieser Ihrer Persönlichkeit angepasst werden und aus Ihrem Mund stammen.

Behalten Sie im Hinterkopf, dass es einen Unterschied macht, ob Sie Komplimente gleich zu Beginn des Kennenlernens machen oder erst später. Obwohl es häufig stimmt, dass „Komplimente Ihnen alle Türen öffnen", ist es besser, ein wenig zu warten, bis Sie genau wissen, mit wem Sie es zu tun haben.

Der Bildungstest

Es gibt keine bessere Methode um herauszufinden, wen man hier kennen lernt, und zudem wird jedes Eis schnell gebrochen. Ich verwende den Bildungstest oft dann, wenn ich mich fehl am Platz fühle. Er ist ein schneller, sicherer Weg um festzustellen, welche Themen, welcher Ton und welche Intimität auf einer Feier gefragt sind. Bitte beachten Sie, dass diese Eröffnungsmethode nur bei ein bis zwei Leuten gleichzeitig angewandt werden kann. Gesellen Sich sich zur einer größeren Gruppe, wählen Sie sich einen Ansprechpartner. Die Frage, mit der ich die besten Erfahrungen gemacht habe, lautet: „Wie sind Sie hierher gekommen?"

Die Frage kann auf verschiedene Weise aufgefasst werden, was eigentlich auch im Sinne des Tests ist. Wenn die Antwort lautet: „Mit dem Taxi", können Sie sich entspannen (oder auf Langeweile einstellen). Ihr Gesprächspartner wird Sie nicht aus der Kurve drängen und mehr oder weniger an der Oberfläche surfen. Wenn er oder sie antwortet: „Ich kenne den Ex der Gastgeberin und wurde wahrscheinlich deshalb eingeladen", wissen Sie, dass Sie mit Ihrem Gegenüber leicht herumalbern können. Selbst „Möchten Sie gerne meine Geburtsurkunde sehen?" ist eine gute Antwort und verrät einen schlagfertigen Charakter. Bei der Aussage: „Mein Vater hat meine Mutter in der richtigen Nacht getroffen", wird es aber gefährlich, und Sie sollten auf der Hut sein.

Es gibt nur noch zwei weitere Antworten, und beide sind Grund genug, um sich schnellstmöglich zurückzuziehen. Die eine lautet: „Was geht das Sie an", und die andere: „Das weiß ich selbst nicht so genau". Erstere deutet auf eine unkontrollierbare Abneigung hin – ein großes Manko im gesellschaftlichen Umgang, und die zweite ist Beweis für einen wie auch immer gearteten seelischen Schaden (oder weist auf den Umgang mit harten Drogen hin).

Vielleicht möchten Sie Ihren eigenen Bildungstest entwickeln, oder einen der unten beschriebenen ausprobieren, aber gehen Sie vorher sicher, dass der von Ihnen Angesprochene nicht gerade einen anderen Gast der gleichen Prüfung unterzogen hat. Es ist sicher nicht in Ihrem Sinne, wenn erkannt wird, dass Sie Konversationsforschung betreiben.

„Also, was denken Sie?"
„Wie passen Sie zu der Gesellschaft?"
„Welche Rolle haben Sie hier inne?"
„Worum geht es hier eigentlich überhaupt?"
„Welche Erfahrungen haben Sie gemacht?"
„Und Ihre Geschichte?"

Eröffnungen, die immer funktionieren

Wenn die ehrliche Methode, der Bildungstest, das Einblenden oder das Komplimentemachen nicht so ganz Ihr Fall sind, sagen Ihnen vielleicht die folgenden Möglichkeiten eher zu. Neben meinen eigenen erprobten und funktionierenden Lieblingsmethoden können Sie Ihre Erfahrungen in den freien Zeilen festhalten. Den meisten Menschen fallen schlagfertige und witzige Eröffnungssätze ein – Stunden nach der Feier! Schreiben Sie alles zur leichteren Erinnerung auf, damit Sie beim nächsten Mal gewappnet sind und glänzen können. Beachten Sie dabei nur die folgenden einfachen Regeln:

1. Niemals (und glauben Sie mir das) zu Beginn einer Unterhaltung fragen: „Und was machen Sie beruflich?" Es ist nicht nur eine langweilige Frage, sondern auch schlichtweg gefährlich. Es kann sein, dass der Betreffende gerade entlassen wurde, im Gefängnis war oder Versicherungsvertreter ist. Wie die Antwort auch ausfallen mag, die Unterhaltung ist gestorben, wenn er nicht gerade einen Beruf angibt, der Sie schon immer fasziniert hat. Nach den Regeln der Höflichkeit müssen Sie nach einer solchen Frage Interesse zeigen und sich darüber unterhalten. Mit einem „ist ja interessant" können Sie sich nicht mehr aus der Affäre ziehen!
2. Wer sich am besten unterhält, tut dies alleine. Sie können zwar Ihren *erfundenen* „Partner" dabei haben (wenn Sie die Partner-Methode anwenden), aber Sie möchten nicht den ganzen Abend mit Ihrem Gefährten oder Freund verbringen, es sei denn, einer von Ihnen beiden kennt die Mehrheit der Anwesenden und stellt den anderen vor. Manchmal trifft man zu Beginn einer Veranstaltung einen weiteren Gesellschaftsphobiker und verfällt der Verlockung, den Rest des Abends mit ihm gemeinsam zu verbringen. Das hat so etwas Beruhigendes an sich. Aber dies ist entschieden untersagt! Wenn Sie als Paar auftreten, ist es ungleich schwieriger, in einer Gruppe Anschluss zu finden; es kann bedrohlich wirken und lässt Sie schwach erscheinen.
3. Egal, was Sie sagen, tun Sie es mit Überzeugung und Zuversicht. Wenn sich herausstellt, dass Sie mit einem Satz kein Gehör finden, aber nicht wissen warum, versuchen Sie ihn bei jemand anderem, aber mit einer anderen Betonung oder einem anderen Gesichtsausdruck. Vor allem: Geben Sie niemals auf. 90 Prozent der (amerikanischen) Bevölke-

rung leiden unter Gesellschaftsphobie; Sie befinden sich in bester Gesellschaft.

Üben Sie die Eröffnungssätze vor dem Spiegel (wenn Sie das können), bei einem Freund oder mit dem Lebenspartner. Die Worte kommen dann bei Bedarf leicht über Ihre Lippen und klingen echt.

"Wie geht es Ihnen so?"
"Unterbreche ich ein vertrauliches Gespräch?"
"Wie war Ihr Tag heute?"
"Hallo! Durch welche Verbindungen sind Sie hier?"
"Gibt es hier jemanden, der in Kürze Urlaub machen möchte oder gerade aus den Ferien zurückgekommen ist? Ich möchte mich so gerne erholen."
"Ein Vögelchen hat mir ins Ohr gezwitschert, dass ich hier die letzten Neuigkeiten von (Name Ihrer Firma) hören würde."
"Wie heißt das Passwort?"
"Servus, mir hat jemand gesagt ich solle hierher kommen und mich unterhalten."
"Wenn Sie derjenige sind, für den ich Sie halte, dann habe ich gerade Großartiges von Ihnen gehört."
"Wenn Sie derjenige sind, habe ich gerade Schreckliches über Sie gehört."
"Sie werden es nicht glauben, aber unsere Gastgeberin denkt, wir wären verwandt."
"Ich kann gar nicht fassen, wie groß (dunkel, laut, schön) es hier ist. Und Sie?"
"Bei der Musik muss ich an meine Schulzeit (Kindheit, Studienzeit) denken."
"Guten Abend! Finden Sie nicht auch, dass unsere Gastgeberin (unser Gastgeber) heute einfach umwerfend aussieht?"
"Entschuldigen Sie, aber was diese Köstlichkeit, die Sie da gerade essen (trinken)?"
"Dies (Essen, das Sie gerade vor sich haben) schmeckt doch himmlisch, nicht wahr?"
"Pardon, meine Freundin und ich haben gerade eine Meinungsverschiedenheit, was gesellschaftliche Veranstaltungen angeht, und wir haben gewettet, dass ich mich nicht trauen

würde, Sie anzusprechen ... nein, schauen Sie nicht zu ihr hinüber! ... Lächeln Sie bitte nur – danke, und unterhalten sich ein wenig mit mir, dann habe ich gewonnen."

„Hallo, ich kenne hier zwar niemanden, aber ich übe heute Abend meine gesellschaftlichen Fertigkeiten."

„_____"
„_____"
„_____"
„_____"

Natürlich hängt der Erfolg Ihrer Eröffnungssätze hauptsächlich davon ab, wie Sie sie anbringen. Manche müssen ironisch klingen, andere begeistert und wieder andere fragend. Auch die Ansprechpartner sind wichtig – nicht jeder Satz ist gleich gut für alle Leute. Wählen Sie aus der Liste diejenigen Eröffnungen aus, die Ihnen am besten gefallen, und denken Sie daran, dass Anpassungen an Ihren Stil immer möglich sind. Aber scheuen Sie sich auch nicht, hin und wieder etwas Ungewöhnliches zu versuchen. Es wird Sie nicht umbringen, könnte aber ein Knüller werden.

3. Was nun? –
Werkzeug und Anleitung für die
weitere Unterhaltung

Nun haben Sie Ihre erste Zielgruppe gewählt und auch mutig Ihren Eröffnungssatz angebracht. Jetzt fragen Sie sich: „Wie geht es weiter?" „Was passiert nun?" Das hängt von Ihnen ab. Sie haben vier Möglichkeiten:

1. Sie können schweigsam zuhören, wie sich die anderen Gruppenmitglieder unterhalten und sich dabei freuen, dass Sie den ersten Schritt hinter sich gebracht haben (mit anderen Worten: Sie ziehen sich wieder aus der Gesellschaft zurück).
2. Gleich nach dem Eröffnungssatz verlassen Sie die Runde unter Anwendung einer der Möglichkeiten, die in Kapitel 4 beschrieben werden.
3. Sie geben auf und gehen heim.
4. Sie gleiten hinüber in eine Unterhaltung mit einem oder mehreren Anwesenden.

Natürlich ist, vom gesellschaftlichen Standpunkt aus gesehen, Möglichkeit vier am lohnendsten, die aber auch den meisten Leuten die größten Probleme bereitet. Sich einer Gruppe anzuschließen ist eines, sich darin zu behaupten das andere. Selbst eine umwerfende Einleitung ist nur der Anfang, ähnlich wie am ersten Schultag. Nun müssen Sie aber jeden Tag zur Schule gehen. Tatsächlich haben genauso viele Leute nach einer gelungenen Eröffnung Panik, wie nach einer misslungenen, obwohl man annehmen sollte, dass sie nun die Aufmerksamkeit aller Anwesenden haben und alles bestens läuft. Eine gute Akzeptanz Ihres ersten Satzes vermittelt Ihnen vielleicht ein momentanes Hochgefühl, aber gleich danach schlägt gewöhnlich wieder die Gesellschaftsphobie voll zu. Ganz panisch denken Sie: „Oh Gott, über was soll ich mich jetzt nur unterhalten?" Keine

Sorge. In diesem Kapitel werden Sie genügend Munition finden, um nie mehr verlegen, mit hochrotem Gesicht oder schweißnassen Händen verstummen zu müssen. Die richtigen Worte zu finden ist wesentlich leichter, als uns vermittelt wurde. Es gibt so viele verschiedene Themen und einfache Wege, die sie bei Bedarf parat haben können.

Aber besprechen wir zuerst den schlimmsten denkbaren Fall.

Erholung nach einer missglückten Einleitung

Manchmal floppt Ihre Einleitung und Sie liegen zerstört am Boden. Das kann sehr entmutigend sein, aber es gibt Abhilfe:

1. **Ignorieren Sie es.** Fangen Sie mit einem anderen Satz noch mal von vorne an. Sie wollten zum Beispiel die Einblendungs-Methode anwenden, wurden aber entdeckt, bevor Sie Gelegenheit hatten, zuzuhören und sich zu integrieren. Alle haben mit der Unterhaltung aufgehört und schauen Sie nun an. *Keine Panik!* Sie können sofort die Methode ändern und zu Ehrlichkeit, Kompliment oder dem Bildungstest (der allerdings in einer größeren Gruppe schwierig ist) überwechseln oder einen der Eröffnungssätze aus Ihrem Gedächtnis anbringen. Es ist wirklich nicht schwierig, mit einer anderen Taktik weiterzumachen. Sie müssen sich vor Augen halten, dass es auch nicht ungewöhnlich ist, mehrere Eröffnungen zu nutzen. Zeigen Sie Ihre Enttäuschung darüber, dass Ihre Einleitung fehlgeschlagen ist, nicht. Auch Überlebensphantasien können Ihnen in diesem Moment weiterhelfen.
2. **Seien Sie ehrlich.** Nehmen wir einmal an, Sie benutzten den Satz „Störe ich eine vertrauliche Unterhaltung?", und das Schlimmste passiert: Die Angesprochenen schauen sich gegenseitig an und auf ihren Gesichtern lesen Sie deutlich: „Was für ein Vollidiot." Kein Wort wird an Sie gerichtet. Mit anderen Worten, stumme Verweigerung. Vielleicht bekommen Sie als einzige Antwort auch nur einen eisigen Blick und ein „Ja" zu hören. In diesem Fall sollten Sie sich höflich entschuldigen und zurückziehen. Aber im Fall der

schweigsamen Fieslinge schlage ich folgende Alternative vor: Lachen Sie (wenn möglich, oder tun Sie zumindest so und sagen: „Ich sehe schon, diesen Satz habe ich zum letzten Mal angewandt!" oder „Entschuldigung, aber bin ich hier jetzt jemandem zu nahe getreten?" Damit zeigen Sie, dass Sie sich nicht beleidigen lassen und sich keiner Schuld bewusst sind.

3. **Lügen Sie.** In der gleichen Situation wie oben beschrieben könnten Sie auch folgendermaßen reagieren: „Also wissen Sie, als ich gerade dort drüben war, ist mir etwas sehr Peinliches passiert. Ich wollte mich mit jemandem unterhalten und dann sagte mir doch diese Person – und vielen Dank auch –, es handle sich um eine persönliche Unterhaltung. Nun wollte ich wenigstens jetzt auf Nummer Sicher gehen." Sind Sie von hinten an jemanden herangetreten, können Sie immer noch auf die alte Entschuldigung zurückgreifen: „Ach, Entschuldigung, ich habe mich geirrt." Oder, und das ist in dieser Situation meine Lieblingslüge: „Sie brauchen mich nicht auf diese Weise anzuschauen. Ich wurde bereits vorher gewarnt, dass Sie nicht ansprechbar sind. Kein anderer traut sich." Dies ist aus zwei Gründen ein guter Schachzug: 1. Ist es eine unverschämte Schwindelei und führt den Eröffnungssatz weiter. Vom Standpunkt der Macht aus gesehen, den schweigsame Fieslinge fast *immer* respektieren, ist es eine kluge Aussage und ruft Respekt hervor. Selbst die coolsten Typen werden sich mit wenigstens einem Satz verteidigen müssen: „Entschuldigung, wir wollten nicht hochnäsig wirken; sondern haben uns nur unterhalten", womit Ihnen genug Zeit bleibt, das Thema zu wechseln oder sich unter Wahrung des Gesichts zurückzuziehen. 2. Fast jeder, der ein wenig eitel ist, wird wissen wollen, wer auf der Feier über ihn klatscht, und Sie können sich ein großes Vergnügen daraus machen, gerade dies nicht zu verraten. (Ihre Gesprächspartner werden denken, Sie schützen die Urheber, und Sie können die Unterhaltung unter Ihrer Leitung weiterführen.

4. **Zeigen Sie Humor.** Damit müssen Sie zwar aufpassen (aus Gründen, die ich später noch erläutern werde), aber für manche Menschen ist es so vernichtend, wenn ihre Einlei-

tung zum Rohrkrepierer wird, dass ihnen kein anderer Schutz mehr für ihr bisschen Selbstvertrauen bleibt. Sie schießen mit einem kurzen Witz zurück, gerade so, wie ein Komödiant auf seine Widersacher. Leider bleibt Ihnen, wenn Sie es mit wirklichen Fieslingen zu tun haben, manchmal gar keine andere Wahl. Bleiben wir bei dem Beispiel der „Vertraulichkeit" und der eisigen Ablehnung. Sie können versuchen, mit folgenden Worten zu gewinnen: „Sprechen Sie jetzt mit mir oder bin ich verhaftet?" Oder: „Entschuldigung, mir ist Ihr ‚Nicht-Stören-Schild' entgangen." Sie können auch fragen: „Ist der Aktienmarkt zusammengebrochen?", „Habe ich einen grünen Ausschlag im Gesicht bekommen?" oder auch *„Ah, pardonnez moi, vous ne parlez pas Allemand? ... Parlez vous Français? ... Do you speak English? ... Español? ..."* Wenn Ihnen wirklich alles egal ist, bleibt Ihnen auch die Bemerkung: „Ach, Entschuldigung, ich dachte, ich unterhalte mich mit Menschen."

5. **Gehen Sie.** Wenn die Reaktion wirklich so drastisch wie von mir beschrieben ausfällt, ist es möglicherweise am besten, auf dem Absatz kehrt zu machen und zu gehen, es sei denn, es gibt einen wichtigen Grund noch zu bleiben. (Falls beispielsweise einer ein wichtiger Geschäftspartner ist oder jemand, den Sie interviewen müssen.) In dem Fall versuchen Sie eine andere Methode oder suchen sich einen anderen Ansprechpartner, zumindest eine Zeit lang. Einige Dinge funktionieren auf manchen Feiern einfach nicht, und vielleicht passt auch ein Eröffnungssatz nicht zu Ihnen. Lassen Sie sich nicht entmutigen.

Geschäftliche Unterhaltungen, ja oder nein?

Nehmen wir mal an, Ihr erster Kontakt ist gut aufgenommen worden, oder Sie haben sich nach einer missglückten Einleitung wieder ausreichend erholt. Nun brauchen Sie aber immer noch einige Themen, um eine eventuelle Gesprächspause gut überbrücken zu können (oder die Unterhaltung verstummt völlig. Ich möchte Sie nicht erschrecken, aber diese Dinge passieren öfter, wenn Sie gesellschaftlich noch nicht so versiert sind.)

Idealerweise sollte jedes Gespräch um die zehn Minuten dauern. Der Dialog, der sich um die Einleitung entwickelt, bringt es im Schnitt auf drei Minuten. Und was machen Sie danach, wenn das Gespräch langsam abstirbt und sich das große Schweigen ausbreitet?

Den meisten Menschen fällt automatisch die Frage: „Und was machen Sie beruflich?" ein. Oder, noch häufiger: „Was machen *Sie* denn?", als ob ihr eigener Beruf bereits ausgiebiger Gesprächsstoff war.

Bitte glauben Sie mir, dass dies gesellschaftlich nicht akzeptabel ist. Man kann darüber verschiedener Meinung sein, ob und wo Berufliches besprochen werden kann, aber ich rate davon ab, solange Sie nicht mit Ihrem Gegenüber bereits eine persönliche Beziehung hergestellt haben. Viele Leute werden meine Auffassung nicht teilen, denn sie läuft einer der goldenen Regeln der Unterhaltungskunst zuwider, die in unser aller Köpfen verankert ist und die uns meist recht gelegen kommt: Menschen lieben es, über sich zu sprechen. Grundsätzlich stimmt das natürlich auch, und wenn Sie gar kein anderes Thema finden, ist es immer noch besser als zu stottern oder in Ohnmacht zu fallen. Mit anderen Worten – es ist eine gute Überlebenshilfe, aber Sie sollten sich der möglichen Fallstricke und Konsequenzen bewusst sein.

- Ihr Gegenüber kann einen absolut langweiligen Beruf ausüben und trotzdem geradezu begeistert darüber sprechen. Stundenlang. Das kann ganz schön auf die Nerven gehen und Sie für das anfällig machen, was ich „Wegtreten" nenne. Es ähnelt stark einer Hypnose, hat aber nicht die entspannende Wirkung und bringt Ihnen auch sonst keinerlei Vorteile. In dem Moment, wo Sie die „Abwesenheit" überfällt, sind Sie für weitere gesellschaftliche Kontakte aus dem Verkehr gezogen. Sobald ich in dieses Stadium gerate, kann ich mich nicht mehr auf die Unterhaltung konzentrieren (und schon gar nicht mehr selbst etwas – außer „aha" – dazu beitragen) und mein Blickfeld verengt sich auf einen kleinen Ausschnitt des Gesichts meines Gegenübers.
- Der Beruf stößt Sie ab. Ihr Gesprächspartner könnte Proktologe sein, Leichenbestatter oder in der Pathologie arbeiten.

Und was sagen Sie dann? Eine meiner Freundinnen, die strenge Vegetarierin ist, erzählte mir von einer großen Party, auf der sie sich einem interessant aussehenden Mann vorstellte und ihn gleich fragte, als was er arbeite.
„Ich bin Metzger", war seine stolze Antwort.
„Ah ...hm ...ich ...wie interessant," stotterte meine Freundin.
„Ja, und ich habe die größte und beste Metzgerei am Ort", fuhr er fort und begann, seinen Tagesablauf zu beschreiben. Nach ein paar Minuten schaute er sie an und fragte: „Was ist denn los? Sie sind ja ganz grün im Gesicht."
„Entschuldigung, mir ist schlecht", brachte meine Freundin noch heraus, aber das war das Ende der Unterhaltung. Ihr schneller Rückzug wäre wesentlich weniger peinlich gewesen, wenn sie sich vorher mit dem Mann ein wenig länger unterhalten hätte. So machte es den Eindruck, als habe sie sich vorgestellt und sei gleich darauf wieder davongelaufen. Denken Sie daran: Wenn Sie dieses Thema anschneiden, haben Sie keine Ahnung, auf was Sie sich einlassen.

- Ihr Gegenüber hat einen traurigen Lebenslauf. Stellen wir uns vor, Sie nutzen die Kompliment-Methode als Einleitung. Sie strahlen und freuen sich, dass Ihnen das so gut gelungen ist. Und dann fragen Sie: „Und was machen Sie von Beruf?" Und Ihr Gesprächspartner antwortet mit zuckenden Mundwinkeln: „Ganz ehrlich gesagt bin ich zur Zeit auf Arbeitssuche und ich, gerade heute dachte ich, ich würde den Job bekommen, aber dann .... nun, es ist wieder nichts geworden." Es ist nicht gerade der Weltuntergang, aber es bereitet auch kein Vergnügen, sich aus dieser Affäre wieder herauszuziehen. Sie müssen nun antworten: „Das tut mir aber leid, in welcher Branche sind Sie denn?" und müssen sich dann eine ganze Weile lang mit Traurigkeiten abgeben. Die Antwort Ihres Unterhaltungspartners könnte Sie aber auch belasten und betrüben. Zum Beispiel, wenn derjenige, mit dem Sie sich unterhalten, für das Einschläfern von Tieren verantwortlich ist.
- Die Arbeit bringt Sie in Verlegenheit. Es gibt einige Menschen, von denen ich weiß, dass sie bei folgenden Antworten verlegen werden:

„Ich bin der Gynäkologe unserer Gastgeberin."
„Ich arbeite in einer Peep-Show."
„Ich trete als Transvestit auf."
„Ich arbeite in einer Hühnerbraterei."
„Ich sammle Urinproben für eine Versicherungsgesellschaft."
„Ich trete als Stripperin auf."
„Kommen Sie mich besuchen, und ich zeige es Ihnen."

Um es klar zu stellen, Ihre harmlose Frage könnte Sie beide in die größte Verlegenheit bringen, noch bevor Sie mehr als zwei Sätze miteinander gewechselt haben. Und Achtung: Je eher Sie nach der Vorstellung damit beginnen, desto schwerer können Sie entkommen. Wenn Sie diese Frage in einer größeren Runde stellen, könnte es das Ende der gemeinsamen Unterhaltung bedeuten. Ein Anwesender antwortet, und alle anderen können diese Chance nutzen, um schnellstens zu verschwinden, was sie um so lieber tun, wenn sie bereits erkannt haben, dass eben jener ein Langweiler ist. Dann sind Sie wirklich festgenagelt, denn es ist wesentlich schwieriger, einer einzelnen Person zu entkommen als einer ganzen Gruppe. Zumindest haben Sie Ihre Chance auf eine amüsante Unterhaltung oder einen witzigen Schlagabtausch zwischen unterschiedlichen Gesprächspartnern vertan, wo Sie doch so viel Mühe darauf verwandt haben, gerade dort aufgenommen zu werden. Also informieren Sie sich ein wenig, mit wem Sie es zu tun haben, bevor Sie mit Beruflichem anfangen. **Hinweis:** Der Bildungstest eignet sich zur Unterhaltung manchmal noch besser als zur Einleitung.

Wenn Sie sich schon gleich über Berufe unterhalten müssen, wählen Sie einen Quereinstieg. Zum Beispiel: „Was sagen Sie zu der wirtschaftlichen Lage?" oder „Sind Sie gleich von der Arbeit hierher gekommen?" Auf diese Weise können Sie sich langsam an das Thema herantasten, und Sie haben immer noch die Möglichkeit, sich vor unangenehmen Überraschungen zu schützen.

Was das weite Feld der Arbeit angeht, gibt es hierzu mehr Ausnahmen als bei jedem anderen Gesprächsstoff. Zum einen treffen meine Warnungen natürlich dann nicht zu, wenn Sie auf einer speziellen Geschäftsveranstaltung, wie zum Beispiel einem Betriebsessen oder einem Firmenjubiläum, zu Gast sind. Auch gibt es viele Situationen, in denen Sie aus dem Gefühl heraus wissen, dass eine solche Frage sicher kommen wird und vielleicht sogar gerade das von Ihnen erwartet wird. Wie auch immer, in den meisten Fällen ist es bestimmt nicht das Schlimmste, was Ihnen passieren kann. Ich möchte Sie nur ganz besonders auf die Gefahren und Möglichkeiten hinweisen, bevor Sie sich darauf einlassen. Es gibt so viele andere, interessante Gesprächsstoffe und etliche andere Dinge, die den gesellschaftlichen Umgang miteinander bereichern.

Ein ABC der Unterhaltung für Sprachlose

Worüber unterhalten Sie sich nun, wenn Sie mit einem Loch im Kopf dastehen und nicht mehr weiter wissen? Wir alle kennen diese Situation, in der 20 Sekunden so lang werden wie eine Stunde. Obwohl Sie mit Ihrem Horror wahrscheinlich nicht alleine sind, da ganz offensichtlich auch niemand anders etwas sagt, liegt es unbestreitbar in Ihrer Verantwortlichkeit, das Gespräch wieder aufzunehmen, da Sie der Neuankömmling sind.

Es gibt Millionen Gesprächsthemen zur Auswahl, die Feier, tägliche Neuigkeiten, Fragen zur Person, die Gastgeber und, wenn es sich um eine geschäftliche Veranstaltung handelt, Entwicklungen auf Ihrem Arbeitsgebiet. Meist jedoch ist es schwierig, ein passendes Thema aus der Luft zu greifen, wenn Sie sowieso schon nicht weiter wissen. Hier biete ich Ihnen eine wirklich gute Methode – oder besser gesagt, einen Trick – an, um das Gespräch wieder in Gang zu bringen.

Haben Sie sich als Schüler auch Eselsbrücken gebaut, um einen Lehrstoff besser zu behalten? Meine Mutter war davon begeistert, und ich kann mich gut daran erinnern, wie sie meinen Bruder immer wieder damit abfragte. Klingt verrückt, aber es funktionierte, und obwohl nicht jedermanns Sache, werden Sie dennoch nie in Verlegenheit geraten, wenn Sie sich mit dieser kleinen Gebrauchsanweisung für Themen suchende Gesellschaftsphobiker anfreunden können.

3. Was nun? – Werkzeug und Anleitung für die weitere Unterhaltung

Und so funktioniert es: Nachdem Sie Ihre Einleitung hinter sich gebracht haben und Sie die Namen der Anwesenden kennen, nehmen Sie den ersten Buchstaben eines Namens, um sich an eine der sechsundzwanzig unten zur Auswahl stehenden Möglichkeiten zu erinnern. Wenn Sie zum Beispiel gerade jemanden kennen gelernt haben, der Anna heißt, nehmen Sie das A und denken dabei an Alter. Kennen Sie noch keine Namen, richten Sie sich nach der Farbe eines Kleidungsstücks Ihres Gegenübers. Sie wählen dann den ersten Buchstaben (Blau – B – Baby). Sie können auch die Augenfarbe, die Haarfarbe oder den Anfangsbuchstaben des letzten gesprochenen Wortes zur Hilfe nehmen. Es ist ganz egal; Sie können auch am Anfang des Abends mit A beginnen und sich dann bis zum Ende der Party durch das gesamte Alphabet arbeiten. Wichtig ist nur, dass Sie es schnell machen. Es muss so scheinen, als ob Sie einer der Menschen sind, die eine unheimlich schnelle Auffassungsgabe besitzen und mühelos von einem Thema zum nächsten springen können. Sie können sich nach dem vorgeschlagenen ABC richten oder einführende Sätze wie:

„Ich sagte gerade …"
„Interessant wie …"
„Haben Sie schon bemerkt …"
„Was halten Sie von …" (meine Lieblingseinleitung, denn sie impliziert, dass dieses Thema gerade in aller Munde ist.)
„Ich kann gar nicht glauben …"

Aber Achtung: Wenn Sie das ABC zur Hilfe nehmen, dürfen Sie es unter keinen Umständen vor sich hinflüstern oder nach der Schreibweise eines Namens fragen, um sich an ein Thema zu erinnern. Es verrät sofort, dass Sie aus einem Buch für gesellschaftliches Miteinander gelernt haben.

Buchstabe	Beispielsatz
A steht für **Alter**	*„Ich kann gar nicht glauben, dass ich schon so alt bin."* *„Sie erinnern mich an einen alten Freund."*

Buchstabe	Beispielsatz
	„Wie alt waren Sie, als Sie Ihre erste Geburtstagsfeier machten?"
B steht für **Baby**	*„Ich kann gar nicht glauben, wie viele Babys man jetzt überall sieht."*
	„Was glauben Sie, ob ein Baby schon etwas von einer Party mitbekommt?"
	„Wenn ich müde bin, kann ich schlafen wie ein Baby."
C steht für **Chaos**	*„Gott, was für ein Chaos."*
	„Es war fast unmöglich, hierher zu kommen, bei dem Chaos draußen."
	„Haben Sie schon mal daran gedacht, dass wir uns alle im Chaos befinden und es nur noch nicht gemerkt haben?"
D steht für **Durst**	*„Bei diesem Wetter bin ich kurz vor dem Verdursten."*
	„Dieses Getränk schmeckt wirklich gut, aber Durst darf man dabei nicht haben."
	„Ich glaube, Durst ist schlimmer als Heimweh, und Sie?"
E steht für **Essen**	*„Haben Sie schon das Essen hier probiert?"*
	„In unserem Leben dreht sich alles ums Essen."
	„Danke, ich bin satt, ich mag nichts mehr zu essen."
F steht für **Füße**	*„Jedes Mal, wenn ich in diesen Schuhen ausgehe, tritt mir jemand auf die Füße."*
	„Ich bin heute so viel gelaufen, dass meine Füße keinen Schritt mehr weiter wollen."
	„Bei den heutigen Jugendlichen werden die Füße immer größer,

Buchstabe	Beispielsatz
	Schuhgröße 46 ist keine Seltenheit mehr."
G steht für **Gastgeber** .	*„Woher kennen Sie unsere Gastgeber?"*
	„Schau ... an, sie ist die geborene Gastgeberin."
	„Gibt es hier einen offiziellen Gastgeber oder ist das ein locker arrangiertes Treffen?"
H steht für **Hund**	*„Haben Sie hier einen Hund gesehen?"*
	„Mögen Sie lieber Hunde oder Katzen?"
	„Können Sie mir weiterhelfen? Ich bin auf der Suche nach einem Namen für meinen kleinen Hund."
I steht für **Interesse** ..	*„Welche Interessen haben Sie?"*
	„Die derzeitige soziale Entwicklung in Deutschland ist wirklich von Interesse."
	„Welche Bücher interessieren Sie besonders?"
J steht für **Juwelen** ...	*„Was für eine hübsche Kette (Ohrringe, Armband)"*
	„Ist das Ihr Ehering?"
	„Wenn ich vorher gewusst hätte, dass dies eine so erlesene Feier ist, hätte ich meine Tiara getragen."
K steht für **Kopie**	*„Denken Sie daran; heute Abend unterhalten Sie sich nicht wirklich mit mir, sondern nur mit einer Kopie."*
	„Ich hoffe, ich langweile Sie nicht. Ich musste heute schon so oft wiederholen, dass ich mir wie eine Kopiermaschine vorkomme."
	„Wenn wir eine Kopie dieser Veranstaltung machen könnten, welche Po-

Buchstabe	Beispielsatz
	sition würden Sie dann einnehmen wollen?"
L steht für **Lachen** ...	„Erzählen Sie mir etwas Lustiges, ich möchte lachen."
	„Glauben Sie, dass die besten Partys jene sind, auf denen viel gelacht wird?"
	„Ich glaube, wir müssen hier ein bisschen Gelächter hineinbringen."
M steht für **Musik** ...	„Ich finde die Musik so laut. Sie auch?"
	„Lassen Sie uns mal sehen, was es hier noch für Musik gibt."
	„Welche Musik hören Sie denn am liebsten?"
N steht für **Nacht**	„Heute Nacht ist es noch wunderbar warm."
	„Ich liebe die Nacht, wenn man alle Sterne sehen kann."
	„Vergangene Nacht war bei uns der Teufel los ..."
O steht für **Oktober** ..	„Ich finde den Oktober so herrlich, wenn sich langsam die Blätter verfärben."
	„Haben Sie auch den Bestseller: ‚Jagd auf Roter Oktober' gelesen?"
	„Im Oktober können wir wirklich Glück mit dem Wetter haben."
P steht für **Preis**	„Verkaufen Sie sich nicht unter Preis?"
	„In diesem Jahr ist alles schon wieder teurer geworden und besonders der Benzinpreis ..."
	„Was gab es als ersten Preis zu gewinnen?"
Q steht für **Quadrat** ..	„Wie viele Quadratmeter glauben Sie, hat der Raum hier?"

Buchstabe	Beispielsatz
	„Ich kann kaum glauben, wie teuer Grundstücke geworden sind. Der Quadratmeterpreis steigt und steigt."
	„Heute dachte ich, ich springe im Quadrat. Sie werden kaum glauben, was mir passiert ist."
R steht für **Risiko**	„Glauben Sie nicht, dass Sie ein Risiko eingehen, wenn Sie alle diese Leute zusammen einladen?"
	„Ein gewisses Risiko erhöht manchmal den Reiz."
	„Wie hoch schätzen Sie das Unfallrisiko ein?"
S steht für **Schreien** ..	„Das kleine Kind meiner Nachbarin schreit so laut, dass ich mein eigenes Wort nicht mehr verstehen kann."
	„Was bin ich froh, dass ich nicht schreien muss."
	„Warum schreien die meisten Leute eigentlich?"
T steht für **Traum**	„Feiern Sie auch im Traum?"
	„Mein Traum war schon immer eine Reise nach ..."
	„Diese Feier ist wirklich ein Traum."
U steht für **Übung**	„Ich muss noch üben, mich mit Leuten zu unterhalten, die ich nicht schon kenne."
	„Es wäre nicht schlecht, vor jeder großen Feier eine Übungsveranstaltung durchzuführen."
	„Das Essen war einfach köstlich. Es braucht sicher einiges Geschick und viel Übung."
V steht für **Vernissage**	„Wie kommen Sie zu dieser originellen Vernissage?"

Buchstabe	Beispielsatz
	„Die Bilder, die hier auf der Vernissage ausgestellt sind, haben ihren eigenen Charakter."
	„Gehen Sie öfter auf Vernissagen?"
W steht für **Welt**	*„Ich glaube, ich möchte die ganze Welt bereisen."*
	„Es gibt zu viele arme Kinder auf der Welt."
	„Nichts in der Welt kann mich dazu bringen, mir ein Krokodil in der Badewanne zu halten."
X steht für **Xanthippe**	*„Xanthippe muss schon ganz schön Haare auf den Zähnen gehabt haben."*
	„Was halten Sie von Xanthippe als Namen für meinen Dackel?"
	„Wissen Sie, warum man so oft von Xanthippe spricht? Ich wollte schon immer wissen, was es damit auf sich hat."
Y steht für **Yoga**	*„Ich habe im Volkshochschulprogramm über Yoga gelesen."*
	„Was halten Sie von Yoga?"
	„Ich glaube, ich bin für Yoga nicht so geeignet."
Z steht für **Zoo**	*„Ich wollte schon lange mal wieder in den Zoo gehen, wann waren Sie zuletzt?"*
	„Früher haben wir genau gegenüber vom Zoo gewohnt, da hörten wir manchmal die Affen schreien."
	„Haben Sie das Buch ‚Wir Kinder vom Bahnhof Zoo' gelesen?"

Bitte beachten Sie: Die Beispielsätze sollen wirklich nur Beispiele sein, die ich nach meinen Erfahrungen ausgewählt habe. Natürlich müssen Sie die Themen Ihrem eigenen Stil anpassen. Wenn Sie zu den Menschen gehören, denen immer erst nach einer Party gute Gesprächsansätze einfallen, schreiben Sie sich vielleicht einen Merkzettel und ersetzen die Alphabet-Sätze durch Ihre eigenen Ideen.

Die Beispiele sind mit Absicht unpersönlich gehalten. Eine gute Unterhaltung darf nicht außer Kontrolle geraten und muss Ihnen ermöglichen, nach einer gewissen Zeit zu einer anderen Gruppe zu wechseln. Persönliche Fragen, die den meisten Menschen schnell einfallen, verpflichten Sie meistens zu einem längeren Gespräch mit einer Person der Gruppe. Etwas Fantasie bei der Themenauswahl zahlt sich oft später aus.

Zehn geprüfte und bewährte Tricks im Geschäft

Spiele

Hier möchte ich Ihnen eine bewährte Methode vorstellen, mit der Sie die Unterhaltung weiterführen können, aber nicht zu ernsthaft werden. Sie brauchen dazu ein wenig Mut, werden aber von der Reaktion der anderen Gäste angenehm überrascht sein. Ich selbst verwende diese Technik ziemlich oft, war mir aber dessen nie so bewusst, bis ich vor einigen Jahren ein Wochenende in Begleitung meines Freundes in Stockbridge, Massachusetts, verbrachte. Er und ich hatten uns den ganzen Tag auf gutmütige Weise gekabbelt, ob meine Jacke nun rot oder orange sei. (Er sagte rot, ich wusste, dass sie orange war.) An dem Abend waren wir auf einer relativ großen Tanzveranstaltung eingeladen, auf der ich völlig fremd war. Mein Freund verschwand sofort in der Menge und überließ mich mir selbst. Da ich noch nie der Typ war, der alleine in einer Ecke stehen bleibt, ging ich schnurstracks auf eine Gruppe von Gästen zu und führte mich über die Ehrlich-Methode ein. Nachdem wir uns alle miteinander bekannt gemacht hatten, kam der unvermeidliche Moment der Stille; meine Ankunft hatte das Gespräch unterbrochen.

Plötzlich kam mir eine Idee. Als ob ich mich damit schon lange auseinander gesetzt hatte, fragte ich die Gruppe: „Welche Farbe hat meine Jacke?" Sie waren erstaunt, aber neugierig, und jeder antwortete der Reihe nach. Ich bemerkte, dass die beiden Männer meinten, die Jacke sei rot, während die Frauen sie als orange bezeichneten. Daraus entspann sich eine interessante Diskussion über Farbwahrnehmung und Geschlechtsspezifität. Wie allgemein bekannt, haben Sie in dem Moment gewonnen, wo es um Unterschiede zwischen den Geschlechtern geht.

Das Großartige an diesen Spielen ist, dass sie zwanglose gesellschaftliche Kontakte ermöglichen. Neue Mitglieder werden in die Gruppe geholt („He, komm mal her, wir müssen dich was fragen.") und die Spannung steigt („Ich komme gleich zurück, ich will noch andere Leute fragen."). Sie lernen auch die anderen Gäste durch ihr Verhalten beim Spiel besser kennen; eine entspannende, einfache und manchmal sehr enthüllende Methode, Erkenntnisse über jemanden zu gewinnen. Spielen ist die Taktik, die ich am allerliebsten empfehle; es verkörpert meiner Meinung nach den wahren Sinn des gesellschaftlichen Umgangs miteinander.

Hier sind einige Beispiele, mit denen Sie ein Spiel eröffnen können. Sie werden jedoch feststellen, dass Sie nach ein- oder zweimaligem Anwenden der Beispiele langsam Ihre eigenen Ideen entwickeln werden. Verlieren Sie dabei nie Ihr Ziel aus den Augen (auch wenn es sich um ein Geschäftstreffen handelt). Viel Vergnügen:

- „Welche Farbe hat Ihrer Meinung nach …?"
- „Raten Sie mal, welchen Spitznamen ich als Kind hatte?" („Lassen Sie mich mal raten, wie Sie gerufen wurden.")
- „Ich interessiere mich für Mundarten. Raten Sie mal, wo ich her bin?" („Lassen Sie mich raten, wo Sie aufgewachsen sind.")
- „Schließen Sie Ihre Augen und sagen Sie mir, was ich anhabe." („Welche Augenfarbe habe ich denn?")
- „Erzählen Sie mir etwas über Ihre Firma, und ich rate, in welcher Branche Sie tätig sind."

Party-Highlights: die Hilflose-Hannah-Methode

Wappnen Sie sich, denn möglicherweise fühlen sich einige Leute beleidigt. Alles, was ich dazu sagen kann, ist, dass ich diese Methode mein ganzes Leben lang sowohl bei Kindern als auch bei Erwachsenen angewandt habe, und sie funktionierte immer. Es ist eine Art Holzhammermethode des gesellschaftlichen Umgangs. Manchmal ist mir beim Anblick von Leuten, die diese Methode nutzten, fast schlecht geworden, aber ich muss sagen, ich habe es auch gelegentlich versucht und war immer extrem erfolgreich damit. Gut ausgeführt, kann Sie die Hilflose-Hannah-Methode zum Star der Party machen.

Sind Sie bereit? Stellen Sie sich vor, Sie seien ein Burgfräulein in Not oder ein bedürftiger Ritter und die anderen Gäste haben die Aufgabe, Sie zu retten. Wenn Sie Leute in die Lage versetzen, Sie zu retten, dann haben diese 1. eine Aufgabe, fühlen sich 2. geehrt, 3. lassen Ihnen die Macht und am Wichtigsten, geben Ihnen 4. ein Gesprächsthema.

Meine Lieblingsversion dieser Geschichte ist, jemanden zu veranlassen, mich vor einer anderen Person zu beschützen. Nach meiner Einleitung sage ich zum Beispiel: „Hören Sie, es gibt hier jemanden – ich kann Ihnen nicht sagen, wen ich meine –, dem ich unter allen Umständen entgehen möchte. Sie würden mir sehr helfen, wenn Sie, sobald ich Ihnen dieses Signal gebe, (ich hebe die Hand oder gebe ein anderes Zeichen) kommen und nach mir sehen würden." Natürlich wollen alle wissen, von wem die Rede ist und warum ich dieser Person aus dem Weg gehen möchte. Selbstverständlich kann ich darüber keine Auskunft geben, da die ganze Geschichte erfunden ist, aber eine großartige Unterhaltung ist garantiert. Was ebenfalls regelmäßig passiert ist, dass sich die um Hilfe Gebetenen regelmäßig um mich kümmern und nachsehen, ob noch alles in Ordnung ist, auch wenn ich kein Signal gebe (was ich normalerweise nie mache). Wenn Sie diese Geschichte verschiedenen Leuten erzählen, stehen Sie den ganzen Abend über im Rampenlicht und alle wundern sich, was Sie so anziehend macht.

Eine andere etwas feinere Art, die hilflose Hannah zu spielen, ist, so viele Gäste wie möglich zu bitten, Ihnen Informationen zu besorgen. Sie können zum Beispiel Herrn X erzählen, dass Sie erfahren haben, dass an diesem Abend ein wichtiger Geschäftspartner erwartet wird und ob es ihm, Herrn X, etwas ausmachen würde, Sie von seiner Ankunft in Kenntnis zu setzen. Sollte Herrn X die betreffende Person nicht bekannt sein, können Sie ihn immer noch bitten, seine Ohren offen zu halten, ob er nicht jemand anders findet, der den Geschäftsmann kennt. Gegenüber einer Person Y können Sie im Verlauf des Abends erwähnen, dass Sie eine Mitfahrgelegenheit nach Hause brauchen, und sie bitten, es Ihnen mitzuteilen, falls sie von jemandem, der in Ihre Richtung fährt, hört. Sobald Sie Person Z vorgestellt werden, können Sie diese ebenfalls bitten, Ihnen irgendeine Information zu verschaffen oder sie um eine der vorher erwähnten Gefälligkeiten bitten.

Die Information, um die Sie bitten, ist im Grunde genommen egal. Der wichtige Teil dieses Unternehmens ist, wenn X, Y und Z Ihnen mitteilen, dass Sie das Gewünschte nicht in Erfahrung bringen können, Ihnen zu sagen: „Aber würden Sie es mich bitte wissen lassen, falls sie doch noch davon hören?" Auf diese Weise werden Sie – wenn Sie genügend Gäste angesprochen haben – den ganzen Abend über immer wieder Nachrichten über den aktuellen Stand der Dinge erhalten. Indem Sie Menschen auf diese Weise für sich interessieren, entgehen Sie mit Sicherheit einem Dasein als Mauerblümchen.

Die andere Form der hilflosen Hannah, die sich eher an Scarlett O'Hara orientiert, ist, dass Sie verschiedene Gäste bitten, Ihnen Dinge zu bringen. Sie müssen sich allerdings einen Grund einfallen lassen, warum Sie nicht selbst in der Lage sind, sich zu versorgen. Dies kann trickreich sein und schlimmstenfalls auch mit einem Reinfall enden, aber wenn Sie gewitzt genug vorgehen, erreichen Sie noch ein weiteres Ziel – Sie können jemandem wirklich aus dem Weg gehen.

Und so funktioniert die Sache: Betty hat gerade eine Unterhaltung mit John und Tom begonnen. Aus den Antworten des Bildungstests, den sie gerade angewandt hat („Wie seid ihr hierher gekommen?") schloss sie, dass Tom interessanter als John ist. Die Unterhaltung ist nun gestorben, und bei allen drei macht sich der typische Gesichtsausdruck beginnender Gesellschaftsphobie breit. Bis Betty zu John sagt: „Würdest du mir wohl einen großen Gefallen tun und mir ein Glas Wein bringen? An der Bar steht jemand, dem ich lieber nicht begegnen würde." John bleibt eigentlich gar keine andere Wahl, als die Bitte zu erfüllen. Also geht er und lässt Betty – zumindest für eine kurze Weile – mit dem interessanteren Tom zurück.

Sie können viele weitere Gründe erfinden, um hilflose Hannah zu spielen. Zum Beispiel müssen Sie in der Nähe des Telefons auf einen Anruf warten; Sie möchten Ihren Platz in der Reihe vor dem Büffet nicht verlieren oder warten gerade vor den Toiletten. Aber aus welchem Grund auch immer Sie eine Bitte äußern – seien Sie höflich, respektvoll und immer dankbar, wenn der Gebetene mit dem gewünschten Artikel zurückkehrt. Wenn Ihnen verschiedene Leute behilflich sind, sie beschützen oder mit Informationen versorgen und sich weitere Gäste um Ihr persönliches Wohl kümmern, kann das wirklich ein Höhepunkt in Ihrem gesellschaftlichen Leben sein. Ständig kommen Leute zu Ihnen, geben Ihnen etwas, fragen, ob Sie noch einen Wunsch haben, und versuchen herauszufinden, wer denn nun diese geheimnisvolle Person ist, der Sie aus dem Weg gehen müssen. Letztlich haben Sie einen ganzen Hofstaat um sich herum versammelt, und die anderen Gäste fragen sich, ob Sie irgendein geheimnisvolles Parfüm besitzen oder vielleicht ein unerkannter Star sind.

Es gibt jedoch bei diesem Manöver einige ernste Gefahren, die, so glaube ich, klar auf der Hand liegen. Übertreiben Sie nicht mit dem Aus-dem-Weg-gehen, sonst werden Sie in den Ruf kommen, unter Verfolgungswahn zu leiden oder ein Snob zu sein. Und niemals dürfen Sie einen tatsächlichen Gast als Grund für Ihre Ausweichmanöver angeben (selbst dann nicht, wenn es tatsächlich so ist). Ich habe das einmal in der Absicht, die hilflose Hannah ein bisschen echter aussehen zu lassen, gemacht und, nachdem ich um Schutz gebeten hatte, mit dem Finger vage auf den Rücken eines Mannes gedeutet, der an der Bar stand. Zu meinem Entsetzen starrte mich die Frau, mit der ich mich unterhalten hatte, böse an und zischte: „Das ist mein Mann!"

Zimmer mit Aussicht

Sind Sie auf einer relativ großen Feier eingeladen, möchten Sie vielleicht folgende Methode versuchen. Sie ist ein bisschen feige, aber durchaus in Ordnung. Gehen wir davon aus, dass Sie ein wenig niedergeschlagen sind und sich nicht gerade auf Ihrer geistigen Höhe befinden. Gerade haben Sie ein Gespräch mit einem oder zwei Gästen begonnen. (Diese Strategie funktioniert am besten in kleinen Gruppen.) Sie zeigen (unauffällig bitte) auf einen anderen Anwesenden, vorzugsweise auf jemanden am anderen Ende des Raumes und treffen eine Feststellung. Leute *lieben* es, über andere Menschen zu reden, und auf diese Weise können Sie eine ungefährliche Unterhaltung führen und einige Informationen über das Objekt Ihrer Unterhaltung bekommen, bevor Sie sich auf persönlichere Themen einlassen. Hier sind einige Vorschläge:

- *„Haben Sie die Dame dort drüben gesehen? Trägt sie nicht einen absolut umwerfenden Hut?"*
- *„Schauen Sie sich Herrn ... an; ich glaube, er hat noch nie so zufrieden ausgesehen."*
- *„Sehen Sie den Mann dort drüben an der Tür? Kennen Sie ihn? Ich glaube, ich bin ihm schon einmal begegnet, kann mich aber nicht mehr genau erinnern."*
- *„Haben Sie sich schon mit der Dame dort unterhalten? Ist Sie eine Bekannte von Ihnen? Ich finde sie sehr interessant (lustig, unterhaltsam, geheimnisvoll ...)."*

Was Sie sagen hängt natürlich von den Beobachtungen ab, die Sie machen. Wenn Sie auf einer Faschingsfeier sind, können sie sich ausleben. **Warnung:** Ich fördere hier keinen bösartigen Klatsch! Es ist lebenswichtig, dass Sie, unter gar keinen Umständen irgendetwas Gemeines über das Opfer Ihres Voyeurismus von sich geben. Das kann Sie in größere Schwierigkeiten bringen, als ich hier Platz habe zu erläutern.

Klischees nutzen

Nur weil ich selbst sehr von Klischees begeistert bin, heißt das noch nicht, dass ich auch andere anstiften möchte, sie zu nutzen. Aber eigentlich gibt es gerade in Gesprächen viele gute Möglichkeiten, ein Klischee unterzubringen.

Das Zauberwort heißt Ironie. Die folgenden Sätze können, wenn sie mit genug Ironie, Sarkasmus oder Humor angewandt werden, für Sie hilfreich sein:

„Kennen wir uns nicht irgendwoher?"
„Kommen Sie öfter her?"
„Ich heiße Robert, aber meine Freunde nennen mich einfach Robbie."
„Gefällt es Ihnen hier?"
„Was ist Ihr Erkennungszeichen?"
„Wir können uns nicht länger so treffen."

Übertrieben ausgesprochen können diese Sätze zur Eröffnung oder zur Weiterführung eines Gesprächs genutzt werden (ironisch gesagt machen sie sich im weiteren Gesprächsverlauf besser), und sie dienen auch als eine Art Bildungstest. Am besten: Sie fallen einem leicht wieder ein.

Geschäftsgespräche

Auf einer Feier, die einen geschäftlichen Hintergrund hat, wie zum Beispiel die jährliche Betriebsfeier, ist es kein Wunder, dass man sich über die Firma unterhält. Sie wissen, dass Sie eine Gemeinsamkeit mit allen anderen Anwesenden teilen und haben zumindest ein Gesprächsthema. Außerdem haben die meisten Leute das Gefühl, dass von ihnen erwartet wird, sich auf einer Firmenveranstaltung über betriebliche Dinge zu unterhalten. Das ist schon gut, trotzdem gibt es einige Anstandsregeln, an die Sie sich halten sollten.

Erlaubt:

- Fragen nach der Familie (besonders nach den Kindern).
- Gespräche über den letzten Urlaub (den eigenen und den der anderen).
- Unterhaltungen über die finanzielle Lage der Nation und ihre Auswirkungen auf Ihren Beschäftigungszweig.

- Fragen über eine Aufgabe, von der Sie gehört haben.
- Jemandem zur Beförderung gratulieren.
- Sich nach großen Projekten, die sich gerade in Bearbeitung befinden, erkundigen.
- Gespräche über Fernsehen, Sport, Filme, Spiele, Bücher oder neue Lokale.

Verboten:

- Klatsch über Kollegen, zumindest nicht, wenn Sie mit der betroffenen Person nicht gut bekannt sind oder der Tratsch nicht so umwerfend interessant ist, dass er zum gesellschaftlichen Ereignis geworden ist.
- Fragen nach dem Gehalt.
- Zu viel trinken.
- Verlauten lassen, dass man seine Arbeit, seinen Vorgesetzten oder seine Kollegen hasst.
- Nur mit den Leuten aus der eigenen Firma oder Abteilung sprechen.
- Gespräche über ein Problem in der Arbeit, das auch andere geladene Gäste angeht.

Namensschilder

Es gab eine Zeit in meinem Leben, in der ich mich weigerte, diese klebrigen, widerlichen Schilder zu tragen, die uns bei vielen Geschäftsversammlungen, pseudo-geschäftlichen Treffen, Abiturfeiern oder Firmenveranstaltungen aufgedrängt wurden. Sie können sich vorstellen, dass man sich mit einem großen Schild auf der Brust, auf dem in roten oder blauen Lettern steht: Hallo, ich heiße ..., dumm vorkommt, wenn man dann das Gleiche noch mal in Worten wiederholen soll. Das ist, als ob Sie Ihren Namen dem Gegenüber vorlesen würden. Ich litt immer unter der Horrorvorstellung, dass mich der andere gleich zurechtweisen würde: „He, ich kann selbst lesen, du Esel."

Im Laufe der Zeit bin ich etwas gelassener geworden, was diese Namensschilder angeht. Nun bin ich der Auffassung, dass sie, soweit angeboten, auch getragen werden sollten – mit Ausnahme derjenigen, die zum Anstecken sind. (Sie können mich für spießig halten, aber ich bin der Meinung, niemand sollte sich um der Gesellschaft willen Löcher in seine Kleidung bohren müssen, es sei denn, sie tragen einen Laborkittel oder Wegwerfkleidung.) Obwohl Namensschilder eine lausige gesellschaftliche Krücke sind, habe ich die Erfahrung gemacht, dass man sie besser trägt, wenn auch aus keinem anderen Grund, als dass das Weglassen den anderen Gästen, die sie tragen, das Gefühl vermittelt, sie seien ein Landei. Außerdem –, Sie wissen nie – vielleicht wurde jemandem die Empfehlung gegeben, sich aufgrund Ihrer Kompetenz und Ihres überragenden Wissens an Sie zu wenden, und nun irrt der Arme zwischen all den Leuten herum und liest die Namensschilder in der Hoffnung, Sie zu finden. Wenn Sie dann kein Schild tragen, entgeht Ihnen unter Umständen die beste Unterhaltung Ihres Lebens.

Aber wenn Sie schon bei der Aussicht auf konventionelle Namensschilder in Langeweile verfallen, hier einige Ratschläge, um das Ganze etwas lebendiger zu gestalten:

- **Wählen Sie eine interessante Stelle.** Dies wird immer häufiger gemacht. Ich habe die Schilder verdreht an den Kragenaufschlägen gesehen, auf Taschen oder Mappen, auf Hüten oder im unteren Jackenteil – sogar auf den Ärmeln. Frauen suchen auch gerne eine andere Alternative, als sich den Aufkleber an die Brust zu heften, denn es ist nicht angenehm, wenn jeder Mann genau auf diese Körperstelle starrt. Meiner Meinung nach können Sie, wenn Sie sich einmal entschlossen haben, ein Namensschild zu tragen, auch unterhaltungsmäßig das Meiste daraus machen. Und wenn Ihr Sticker interessant oder sogar originell angebracht ist, kann er wirklich das Eis brechen helfen.
- **Schreiben Sie anstelle Ihres Namens etwas anderes.** Zugegeben, es ist ein etwas kindischer Vorschlag, aber was ist daran schlecht? Sie könnten zum Beispiel schreiben: „Raten Sie mal", „Das könnten Sie sowieso nicht aussprechen" oder „Ich leide unter Vergesslichkeit". Eine Möglichkeit wäre auch zu schreiben: „Ich hasse Namensschilder." Ich habe sogar von einem Fall gehört, wo sich jemand Bar Codes anstelle des Namens auf das Schild geschrieben hat. Sie wer-

den überrascht sein, wie viele Leute von etwas Originalität begeistert sind. **Warnung:** Gehen Sie nicht zu weit. Schreiben Sie niemals etwas Ordinäres oder Unhöfliches! (Rassistisches, Sexistisches oder dergleichen haben hier nichts verloren.) Sobald Sie sich überlegen, ob es schon beleidigend sein könnte – lassen Sie's.

- **Schreiben Sie Ihren Namen und daneben einen Pfeil, der auf Ihr Gesicht deutet.** Das ist ein wenig kindlich, aber manchen gefällt's.
- **Verwenden Sie Zeichensetzung.** Das Gewöhnlichste ist ein Ausrufezeichen. Ein Fragezeichen kann eine gute Wahl auf einer Feier von Intellektuellen sein. Unterstreichungen heben hervor und haben trotzdem einen konservativen Charakter. Und beim seriösen Geschäftstreffen: Nachname zuerst, dann Komma und danach der Vorname. (Noch besser, Vornamen darunter in Klammern gesetzt.)
- **Unleserlich schreiben.** Kritzeln oder schmieren Sie Ihren Namen so unleserlich, dass ihn niemand entziffern kann. Dies ist gleichzeitig eine interessante Art herauszufinden, wer offen zugibt, dass er den Namen nicht erkennen kann, und wer nicht. Sollte jemand einen Kommentar darüber abgeben, liegt es an Ihnen, Gesprächsaufhänger vorbereitet zu haben. Zum Beispiel: „Dies ist mein persönlicher Protest gegen Namensschilder" oder „Ich wollte schon immer Arzt werden, aber ich bin nie über die Handschrift hinaus gekommen".
- **Wählen Sie einen Fantasienamen.** Dies ist ein Überbleibsel der Glückspilz-Methode. Es ist wesentlich leichter zu bewerkstelligen, erfordert aber Mut, denn Sie können enttarnt werden. Trotzdem, wenn Sie mit Ihrem ewig gleichen Selbst unzufrieden sind oder von Ihrer Schüchternheit die Nase voll haben, legen Sie sich einen neuen Namen zu und probieren Sie einen neuen Stil. Wenn Sie auf die Nase fallen, ist zumindest niemand Zeuge Ihrer Niederlage. **Vorsicht:** Sie müssen schon eine gewisse Unverfrorenheit besitzen, um diese Methode anzuwenden. Es geht dann nicht, wenn Sie bereits einigen Gästen auf der Feier bekannt sind, und es ist auch keine so gute Idee, falls es sich um künftige Geschäftskunden handelt. Außerdem dürfen Sie auch nicht den Namen

eines Ihrer Bekannten wählen, denn das wäre dumm, gefährlich und möglicherweise sogar illegal. Aber Sie könnten das versuchen, was mein Freund Harry ohne Schwierigkeiten auf jeder Party macht, auf der Namensschilder getragen werden: Er schreibt mit ganz kleinen Buchstaben den Namen eines Stars. Seine Lieblinge sind Rock Hudson, Mickey Mouse und Boris Becker. Es ist schon recht angeberisch, aber es wird ihm immer wieder verziehen. Denken Sie daran – die meisten Menschen hassen Namensschilder.

Ob Sie sich dazu entschließen, die oben genannten Vorschläge in die Tat umzusetzen oder nicht, es gibt gewisse Dinge, die Sie sich merken sollten, wenn Sie sich unter die Namensschildträger mischen.

Wenn Sie die konservative Variante vorziehen, sollten Sie Ihren Namen mit großen Buchstaben leserlich schreiben, damit die anderen Gäste nicht mit der Nase auf Ihrer Brust kleben, um den Namen entziffern zu können. Es ist auch höflicher, so lange nicht auf das Schild zu starren, bis Sie sich tatsächlich gegenüber stehen, oder sich in der gleichen Gruppe befinden. Es ist eine Unverschämtheit, sich im Vorbeigehen die Namen aller Anwesenden anzuschauen, ohne sich jedoch mit ihnen befassen zu wollen, es sei denn, Sie suchen jemanden. Deshalb vermeiden Sie Augenkontakt, wenn Sie nur kurz auf den Namen schauen wollen. Er würde signalisieren: „Mir gefällt Ihr Name nicht, ich mag auch Ihr Gesicht nicht, ich suche mir für meine Unterhaltung jemand anders. Auch wenn Sie ein Gespräch beginnen, sollten Sie sich in Ihrem Verhalten festlegen. Entweder Sie schauen deutlich auf das Namenschild und nehmen es zur Kenntnis oder Sie beachten es gar nicht (zumindest nicht so, dass es bemerkbar ist) und übergehen es.

Ein gutes Manöver ist es, das Namenschild unbemerkt zu lesen und dann nach ein paar Minuten den Namen in der Unterhaltung zu erwähnen. Das klingt, als ob Sie alte Bekannte wären („Also Bob..."). Dieser einfache Trick beeindruckt die meisten Menschen, wenn er gut vorgebracht wird. Und falls Sie doch beim Ablesen erwischt werden, ist das Schlimmste, was Ihnen passieren kann, dass Sie eben keinen Eindruck machen.

Ein letzter Rat zu diesem Thema: Passen Sie auf, dass Sie das Schild mit der richtigen Seite nach oben tragen. Es gibt eine bekannte Geschichte über einen Mann, der gerade aus Hong-Kong angekommen war und in seinem Jetlag das Namensschild verkehrt herum anbrachte. Den ganzen Abend über sagten die Anwesenden immer wieder: „Entschuldigen Sie, aber Sie sind verkehrt herum." Endlich reichte es ihm, und als er wieder darauf angesprochen wurde, antwortete er gereizt: „Ich glaube einfach nicht, dass Sie das hier immer noch als Problem ansehen."

Augenkontakt

Für einen guten Gesellschafter ist die richtige Unterhaltung nicht das Einzige. Die witzigste Anrede verliert ihre Wirkung, wenn Sie dabei immer nur den Boden oder das Hosentürchen Ihres Gegenübers anstarren. Hier ein paar erprobte Vorschläge, wie sich Ihre Augen – das wichtigste gesellschaftliche Werkzeug, das Sie besitzen – verhalten sollten.

1. **Schauen Sie jemanden, der mit Ihnen spricht, an.** Ich meine das wörtlich. Das heißt, Sie sollen Ihrem Gesprächspartner solange ins Gesicht schauen, wie er redet. Augen sind extrem ausdrucksvoll und solange Sie einen anderen Menschen beim Reden anschauen, können Sie geistige Höhenflüge unternehmen und immer noch den Anschein des Zuhörens erwecken.
2. **In der Zeit, in der Sie sprechen, können Sie Ihre Augen schweifen lassen.** Natürlich kann es Ihnen bei einer interessanten Diskussion passieren, dass Sie zu fasziniert sind, um wegzuschauen, und das ist auch gut so. Aber es ist eine Grundregel menschlicher Kommunikation, dass Sie, solange Sie sprechen, Ihre Augen überall im Raum umher wandern lassen können und immer noch in die Unterhaltung verwickelt erscheinen. Dies funktioniert so lange, wie Sie, sobald wieder der andere zu sprechen beginnt, sofort Augenkontakt zu ihm aufnehmen. Es funktioniert wirklich so, auch wenn die Leute, die ich darauf hinweise, immer wieder aufs Neue überrascht sind. **Bemerkung:** Bei engen Freunden ändern sich die Regeln für Augenkontakt. Beide

Parteien können Löcher in die Decke starren und sich trotzdem unterhalten.

Ich möchte Sie zu Übungen ermutigen, in denen Sie Ihre Augen wandern lassen, denn wenn Sie beabsichtigen, ein ausgezeichneter Gesellschafter zu werden, müssen Sie in der Lage sein, alles, was um Sie herum vorgeht, wahrzunehmen. Erstens wird Ihre Flucht erheblich leichter, wenn Sie wissen, wohin Sie flüchten möchten, und dafür müssen Sie den Raum kennen, und zweitens gibt es Techniken, die Sie innerhalb von Sekunden anwenden können – die hilflose Hannah, ein Zimmer mit Aussicht –, die aber auf einer genauen Kenntnis der Umgebung beruhen.

3. **Nutzen Sie Ihre Augen zur Betonung.** Wenn Sie lernen, Ihre Augen gekonnt einzusetzen, ist das ebenso viel wert wie ein umwerfendes Lächeln. Viele Menschen vergessen in ihrer Konzentration auf die Unterhaltung, dass ihre Augen der wahre Mittelpunkt eines jeden Gesprächs sind. Sie können Ihre Augen einsetzen, um jemanden aus einer Gruppe für sich zu interessieren und ihn wissen zu lassen, dass Sie sich gerne alleine mit ihm unterhalten möchten. In Verbindung mit einem Nicken können Sie auf ein Geschehen in einer anderen Ecke des Zimmers hinweisen. Auch können Sie mit Ihren Augen anstelle von Worten kommunizieren, entweder weil Sie sprachlos sind oder weil Ihre Augen es besser ausdrücken können: Augenrollen („Ja, ich weiß."), Augen schließen („Wie furchtbar!"), schneller Lidschlag („Ich verstehe schon, aber was soll ich tun?") oder ein Heben der Brauen („Ach wirklich?"). Ich gestehe, dass ich eine der Beneidenswerten bin, die nur eine Augenbraue heben können, eine dramatische Geste und immer sehr eindrucksvoll. („Also, nun komm schon!") Den Ausdruck Ihrer Augen können Sie gut vor dem Spiegel üben, er kann Sie nicht nur aus einer Verlegenheit befreien, sondern auch noch zu Ihrem Charme beitragen.

Der Gedankenstrich

Ich habe diese Methode bei jeder gesellschaftlichen Veranstaltung eingesetzt und immer gut brauchen können. Ich kann mich jederzeit darauf verlassen, denn – und es ist mir peinlich, das zuzugeben – ich habe eine sehr gering Konzentrationsfähigkeit und wenn ich nicht ständig gefordert werde, fangen meine Gedanken an, abzuschweifen. Das kann auf Partys ziemlich peinlich werden. Plötzlich stelle ich fest, dass jemand mit mir gesprochen hat, und ich habe keine Ahnung mehr, um was es eigentlich ging. Und jetzt hat mein Partner aufgehört und erwartet eine Antwort von mir. Die Panik, die in mir dann hochkriecht, ist mit jener vergleichbar, die mich in der Klasse überkam, wenn ich aufgerufen wurde und geträumt hatte. Für einen Erwachsenen ist es ein ernsthafter Fauxpas, auf einer Feier während einer Unterhaltung der Unaufmerksamkeit überführt zu werden, besonders dann, wenn man direkt angesprochen wurde. Ich fühle immer noch den kurzen Adrenalin-Schock, wenn mir dies passiert, aber dann fällt mir ein: Keine Angst, der Gedankenstrich hilft weiter.

Wenn Sie in diese Situation geraten, können Sie sich fast immer an die letzten Worte des Gesagten erinnern. Aber ohne weitere Hinweise sind Sie verloren. Nun können Sie die letzten Worte, die noch in Ihren Gedanken hängen, soweit wie möglich nutzen, und dann eine gewichtige und bedeutsame Pause einlegen. Niemand würde vermuten, dass Sie gar nicht zugehört haben (es sei denn, Sie geben es zu), solange Sie den Augenkontakt aufrechterhalten haben. Denken Sie daran, jedermann ist mit seinem eigenen Erscheinungsbild beschäftigt. Solange Sie „Meinen Sie …", „das, was Sie sagen ist wirklich …" oder „Ich kenne mich da nicht so aus …" antworten, wird Ihr Gegenüber weiterreden.

Ich verspreche Ihnen, dass Sie erstaunt sein werden, wie gut diese Methode funktioniert. Der erste Versuch ist erschreckend, es fühlt sich an, als ob man den Boden unter den Füßen verliert, aber wenn Sie erlebt haben, wie erfolgreich und bedeutsam die Pause ist, wird es Sie überraschen. Eine der bekanntesten Gesprächsbeendigungen, die in Verkaufsseminaren unterrichtet werden, wird manchmal als „Pausenschluss" bezeichnet. Das

Prinzip ist das Gleiche wie der Gedankenstrich: Menschen fühlen sich bei Pausen unwohl und versuchen reflektorisch alles, um sie zu unterbrechen. Der Gedankenstrich ist wirklich sehr einfach anzuwenden; auf seine Art ist er das ausgeschmückte „Aha". **Hinweis:** Je besser Sie die letzten gehörten Worte einflechten können, desto überzeugender wird es klingen. Hier zehn Gedankenstrich-Sätze, die Sie verwenden können:

„Glauben Sie wirklich ... "
„Was Sie sagen bedeutet also ... "
„Ich kenne mich mit diesen Dingen nicht so aus ... "
„Das können Sie laut sagen ... "
„Meiner Meinung nach ... "
„Wow ... "
„Sie machen Witze ... "
„Wirklich ... "
„Das kann doch nicht Ihr Ernst sein ... "
„Erstaunlich ... "

Merkwürdiges über den Humor

Das Merkwürdige am Humor ist, wie oft Menschen versuchen, witzig zu sein und wie selten es ihnen gelingt. Viele Leute sehen eine fröhliche, ungezwungen lachende Gruppe und denken, Gelächter ist der Schlüssel zum Erfolg, deshalb muss man lustig sein. Aber es gibt nichts Schlimmeres auf Gesellschaften als falsch angebrachter Humor. Passen Sie auf, dass Ihnen Folgendes nicht passiert:

„Hallo, Unbekannter, ha,ha! Wollen Sie einen guten Witz hören? Hi,hi! Das ist so lustig, Sie werden sterben vor Lachen!! Ha,ha! Ein Mann geht zu einer ... es ist so witzig, warten Sie, es geht gleich weiter ... ein Mann geht also zu einer Bar ... hi,hi ... ich wollte sagen, eine Frau geht an eine Bar, nein, eine Frau geht in eine Bar, hi, hi, ...das ist so lustig ... warten Sie ... he, warten Sie, wo gehen Sie hin?"

Schlimm? Ein Extremfall, ich gebe es zu. Aber Sie wären erstaunt, wenn Sie wüssten, wie viele Leute sich auf Humor verlassen, wenn er eigentlich unangebracht ist, besonders dann, wenn sie nervös sind. Es ist so verlockend. Humor ist riskant, aber wenn er ankommt, ist der Erfolg umwerfend. Ich will hier nicht versuchen, Ihnen beizubringen, wie man lustig ist, denn Humor ist individuell, und sein Erfolg oder Misserfolg hängt so sehr von der Stimmung ab, wie Weintrauben vom Wetter. Aber im Folgenden ein paar wichtige Grundumsätze:

1. **Versuchen Sie nicht, witzig zu sein.** Wenn Sie sich zu sehr anstrengen, wirkt es gar nicht mehr lustig. Seien Sie sich bewusst, dass Sie sich in Momenten, in denen Sie sich unsicher fühlen, vielleicht zu sehr bemühen.
2. **Erzählen Sie keine Witze.** Wenn Sie nicht gerade in eine Gruppe kommen, in der gerne Witze erzählt werden, oder der Witz, den Sie erzählen wollen, garantiert erfolgreich ist und zu dem gerade besprochenen Themenkreis oder der Feier selbst passt, halten Sie sich am besten beit diesem Thema zurück. Es gibt wenig Peinlicheres als ein Witz, der vor Fremden floppt. (In jedem Comicheft nachzulesen.)
3. **Kündigen Sie niemals an, dass Ihre Anekdote lustig ist!**
4. **Verlängern Sie die Geschichte nicht endlos.**
5. **Fassen Sie niemanden an, um ihn zum Lachen zu zwingen.**
6. **Lachen Sie selbst nicht zu viel.** Eigentlich ist es am besten, gar nicht zu lachen, zumindest so lange nicht, bis alle anderen auch mitlachen. Ein breites Grinsen genügt.
7. **Erzählen Sie keine Witze über andere Leute.** Wenn Sie jemanden brauchen, über den Sie lachen können, nehmen Sie sich selbst.
8. **Spielen Sie nicht den Witzbold.** Die meisten Leute hassen billige Witze. Wenn Sie sich nicht zurückhalten können, richten Sie sich seelisch auf Gestöhne ein.

Den Trumpf bei jedem Spiel einsetzen

Vielleicht überlegen Sie sich gerade, wie Sie reagieren sollen, falls Sie einem humorvollen Nichtskönner aufgesessen sind? Das ist eine gute Frage, denn auf jeder Feier findet sich zumindest einer. Außer Flucht, die das Thema des nächsten Kapitels ist, gibt es noch einige Abwehrmanöver, die hilfreich sein können. Wenn es sich um einen Witze-Erzähler handelt, haben Sie immer die Möglichkeit zu sagen: „Ach ja, der ist ganz lustig; den kenne ich schon." Das impliziert entweder, dass er den Mund halten soll, oder erklärt, warum Sie nicht lachen. Oder Sie stehen auf, bevor mit den Witzen begonnen wird, lächeln höflich und verkünden: „Ich finde Witze eine Zeitverschwendung. Ich befürchte, ich habe es nicht so damit."

Nehmen wir mal an, Sie müssen sich gegen jemanden wehren, der mit Begeisterung dumme Dinge erzählt und dann auch noch selbst darüber lacht. Wenn Sie aus irgendeinem Grund bleiben müssen und nicht flüchten können, müssen Sie sich entscheiden, ob Sie den Idioten ertragen wollen oder ihn lieber umbringen. Ihnen bleibt immer noch die Möglichkeit, es so zu machen wie meine Eltern bei mir, als ich ein Kind war: „Hast du Dummheitstabletten geschluckt, oder wie?" Oder lächeln Sie einfach abwesend, so dass irgendwann die Botschaft, dass er gar nicht witzig ist, ankommt.

Letztlich müssen wir sogar den schlimmsten Witze-Erzählern vergeben. Trotz alledem haben sie gute Absichten und sind möglicherweise einfach unsicher. Also versuchen Sie immer, höflich zu bleiben.

Andererseits können Sie, wenn Ihre Toleranzschwelle überschritten ist und Sie langsam in Wut geraten, immer noch den geordneten Rückzug antreten.

4. Die große Flucht – Entkommen und Weiterlaufen

Wenn ich von Flucht rede, meine ich damit nicht, dass Sie die Gesellschaft an sich verlassen sollen. Ich spreche von etwas ungleich Schwierigerem: wie Sie sich so höflich wie möglich aus einer Unterhaltung entfernen. Wie alle wissen, kann es schon schwierig sein, ins Gespräch zu kommen, aber es ist noch wesentlich komplizierter, daraus zu entkommen.

Ein Freund von mir erzählte eine Geschichte, bei der ich eine Gänsehaut bekam. Er war zu einer Feier gegangen – etwas Geschäftliches –, obwohl er am Rücken verletzt war und ziemliche Schmerzen hatte. Er war zwar in der Hoffnung, seine Schmerzen vergessen zu können, zu der Veranstaltung gegangen, seine Qual veranlasste ihn jedoch, das Gespräch gegenüber einem anderen Gast auf seine Verletzung zu bringen.

Ganz aufgeregt sagte der Mann: „Sie haben sich am Rücken verletzt? Da haben Sie aber Pech gehabt. Das wird Sie nun für den Rest Ihres Lebens verfolgen! Ich kann Ihnen sagen …"

Mein Freund erkannte sofort, dass es ein Fehler gewesen war, dieses im wahrsten Sinn des Wortes schmerzhafte Thema überhaupt anzuschneiden, und versuchte, allerdings erfolglos, davon wegzukommen. Er ging sogar so weit, zu sagen, dass er wirklich nicht mehr darüber sprechen wollte. Aber der Mann war in seinem Element.

„… Wissen Sie eigentlich, was da noch alles auf Sie zukommt? Wie alt sind Sie jetzt, ungefähr dreißig? Na, jetzt geht es bergab. Wissen Sie, alle meine Freunde leiden unter chronischen Rückenschmerzen. Sie werden nie mehr der Alte sein, das kann ich Ihnen garantieren …"

Mein Freund versuchte in seiner Not, sich langsam davonzuschleichen, aber vergebens, der Mann hatte sein Opfer gefunden; er verfolgte ihn. Es war ein schreckliches Erlebnis und dauerte eine Ewigkeit. Mein Freund ging danach einen Monat lang auf keine Feier mehr.

Mir sind hunderte ähnlicher Geschichten zu Ohren gekommen, die meisten davon allerdings nicht so extrem. Meistens ist man in ein Gespräch verwickelt und möchte sich eigentlich lieber mit jemand anderem unterhalten. Um sich auf einer Party gut zu amüsieren ist es unumgänglich, selbst zu bestimmen, mit wem und wie lange Sie sich unterhalten wollen. Meiner Meinung nach ist es wesentlich aufwendiger, einer einzelnen Person oder einer kleinen Gruppe zu entkommen, als selbst in den schwierigsten Kreisen aufgenommen zu werden. Es kann wirklich so kompliziert sein, manche Leute wieder loszuwerden, dass viele Menschen einfach aufgeben und sich damit abfinden, voraussichtlich den ganzen Abend mit diesem Quälgeist verbringen zu müssen. Manchmal erscheint es als das kleinere Übel, sich mit den Gegebenheiten zu arrangieren, als mit großem Aufwand zu entkommen, besonders dann, wenn die Unterhaltung nicht allzu schlimm ist. Mir ist sogar ein Mann bekannt, der es darauf anlegt, in Beschlag genommen zu werden; er sucht sich auf jeder Feier einen Partner, der genau wie er den ganzen Abend an einer Stelle mit demselben Gesprächspartner verbringen möchte. Auf diese Weise hat er keine Schwierigkeiten, neue Gruppen zu suchen oder sich um unterhaltsame Themen bemühen zu müssen.

Machen Sie es sich nicht so einfach! Gesellschaft impliziert, viele verschiedene Menschen kennen zu lernen und mit ihnen zu reden. Wenn Sie ratlos (oder lustlos) den ganzen Abend an einer Stelle verharren, pflegen Sie keinen gesellschaftlichen Kontakt, ganz egal, wie gut Sie sich unterhalten. Wenn Sie natürlich die Liebe Ihres Lebens gefunden haben oder gerade mit dem interessantesten Menschen auf der ganzen Welt (oder, wenn Sie Glück haben, beides in einem vereint) sprechen, könnten Sie sich schon entscheiden, genau dort zu bleiben, wo Sie gerade sind. Unter diesen Umständen ist das natürlich gestattet. Aber nochmals, Sie pflegen dann keinen gesellschaftlichen Umgang. Dazu müssen Sie kommunizieren. Um darin erfolgreich zu sein, müssen Sie wissen, wann es Zeit ist, ein Gespräch zu beenden und wie.

Gesprächspartner wechseln

Langeweile und andere Schwierigkeiten

Der beste Grund, sich eine andere Gruppe zu suchen, liegt in Ihrem eigenen Unwohlsein. Jeder verfügt über seine eigene unübertroffene Leidensgeschichte, zum Beispiel damals, als man ohne Aussicht auf Flucht an diesen entsetzlichen Menschen gefesselt war. Meistens leidet man in diesen Momenten unter einer Art innerer Panik und versucht, sich selbst gut zuzureden. (Okay, ich halte das jetzt aus … Oh Gott, wie schrecklich … Warum hält er nicht einfach seine Klappe, wenigstens für eine Sekunde … Wie komme ich hier bloß weg …?)

Mit einem festgefrorenen Lächeln auf den Lippen und starrem Blick wird Interesse geheuchelt. Es gibt keine andere Wahl. Weg, so schnell, so elegant und so dauerhaft wie möglich, egal, ob Sie von einem Langweiler, einem Betrunkenen, einem Schwätzer, einem Vamp, einer Witzfigur oder nur von jemandem, der eine Arbeit sucht, in Beschlag genommen werden.

Das Gesicht wahren

Große Feiern haben den Vorteil, dass Sie nach einem Fauxpas, einem Witz, den niemand sonst lustig fand, oder nachdem Sie sich auf andere Weise zum Gespött der Anwesenden gemacht haben, schnellstens den Ort Ihrer Niederlage verlassen und an anderer Stelle neu beginnen können. Nur Mut!

Die verschwundene Gruppe

Das kann wirklich schrechlich sein. Meist beginnt es ohne Vorwarnung; plötzlich merken Sie, dass die Gruppe, zu der Sie sich gesellt haben, kleiner geworden ist. Je weniger Leute übrig bleiben, desto schwieriger wird es für Sie, sich zu entfernen. Außerdem gibt es meist einen Grund für das plötzliche Verschwinden der anderen Gruppenmitglieder; genauer gesagt stört wohl jemand. Wenn Sie nicht höllisch aufpassen, sind Sie bald der Einzige noch Verbleibende und mit ihm oder ihr gefangen. Es besteht eine gewisse Gemeinsamkeit mit der „Reise nach Jerusalem", außer dass Sie sich in diesem Fall nicht auf Ihr Glück verlassen müssen, um zu gewinnen. Beachten Sie die ersten Anzeichen und verschwinden auch Sie, bevor es zu spät ist.

Die Zeit ist um

Die optimale Zeit für eine Unterhaltung liegt zwischen fünf und 20 Minuten pro Person oder Gruppe und sollte eine halbe Stunde nicht überschreiten. Auch wenn Sie sich wunderbar amüsieren, haben Sie noch weitere Verpflichtungen. Das ist schwer, ich weiß, aber denken Sie daran, dass Sie auf der Feier sind, um so viele Leute wie möglich kennen zu lernen. Sie haben ja die Möglichkeit, später noch einmal zu der einen oder anderen Person zurückzukehren. Oder bitten Sie um die Visitenkarte und fragen, ob Sie sich zu einem anderen Zeitpunkt nochmals treffen könnten. Nehmen Sie die gute Stimmung mit in die nächste Gruppe.

Warnung: Übereifrige Gesellschaftslöwen wechseln die Gruppen vielleicht zu schnell. Ich gebe zu, dass ich mich hin und wieder dieses Vergehens schuldig mache; ich lasse mich von der Atmosphäre hinreißen und merke dann manchmal, dass ich es nur dreißig oder vierzig Sekunden an einer Stelle aushalte. Das ist auf jeden Fall zu kurz und hinterlässt nur die Frage: „Wer war denn das eben?"

Die Regeln der Flucht

Wissen, wohin

Bevor Sie die Fluchttechniken, die in diesem Kapitel beschrieben werden, anwenden, müssen Sie wissen, wohin Sie flüchten möchten. Im Idealfall ist Ihr nächstes Ziel eine Gruppe oder ein anderer Gast, aber Sie können auch die Toiletten, die Bar und das Büffet aufsuchen. In den folgenden Beispielen wird öfter das Ziel, das Sie haben, genannt, und Sie müssen natürlich zumindest den Eindruck erwecken, als ob Sie tatsächlich dorthin gingen. Aber auch wenn Sie nur einfach umherschlendern möchten, rate ich Ihnen, Ihren Weg im voraus zu planen. Zum einen ist es möglich, dass Sie beobachtet werden (warum dies eher unwahrscheinlich ist, habe ich in Kapitel 1 erläutert), wenn Sie eine Gruppe verlassen und sich zu einer neuen gesellen. Die Augen nehmen Bewegungen wahr, und wenn Sie eine Gruppe verlassen und planlos in der Gegend stehen, kann es leicht scheinen, als ob Sie unerwünscht seien. Je länger sie alleine sind und keiner Gruppe angehören, desto einsamer werden Sie, bis Sie sich dann fragen, warum um alles in der Welt Sie Ihre alte Gruppe verlassen haben und wie Sie wieder Anschluss zu ihr finden können. Noch wichtiger: Wenn Sie kein festes Ziel vor Augen haben, fühlen sich vielleicht die Gäste, die sie gerade verlassen haben, beleidigt, wenn ihnen aufgeht, dass Sie lieber alleine als mit ihnen zusammen sind.

Denken Sie immer daran: Der beste Zeitpunkt, um einen Raum auszukundschaften ist dann, wenn *Sie* gerade sprechen, besonders dann, wenn Sie nur einen oder zwei Zuhörer haben. Werden Sie angeredet, müssen Sie Augenkontakt halten. Sind Sie Zuhörer in einer größeren Gruppe, können Sie sich unauffällig umsehen, sobald die Aufmerksamkeit nicht auf Sie gerichtet ist. Versuchen Sie aber, sich nicht dabei erwischen zu lassen, wie Sie gerade irgendwo anders hinschauen und wünschen, Sie wären dort.

Fünf Regeln zum Überleben

Gesellschaftliche Veranstaltungen unterliegen eigenen Gesetzen, die sich oft von den allgemein anerkannten Gesetzen gesellschaftlicher Etikette der feineren Kreise unterscheiden. Da Ihre Auffassung von Höflichkeit und Liebenswürdigkeit gerade auf der Flucht direkt mit Ihrem Überlebenswillen in Konflikt gerät, gibt es fünf Gesetze, die Ihren Rückzug als Gast auf einer gesellschaftlichen Veranstaltung regeln. Sie sind besonders in den Momenten hilfreich, wo Sie sich unmittelbar auf das Verschwinden vorbereiten.

1. **Sie dürfen lügen.** Das ist erlaubt. Vergessen Sie alles, was Sie über Lügen und deren kurze Beine gehört haben. Unwahrheiten, die im Namen gesellschaftlicher Veranstaltungen erzählt werden, fallen eindeutig in die Kategorie „Notlügen". Außerdem sind sie unerlässlich.
2. **Niemand weiß, was Sie wirklich denken.** Selbst Hellseher können Ihre Gedanken nicht genau erkennen. Meistens wissen andere Leute nur das, was Sie Ihnen sagen und zeigen.
3. **Ihr Gegenüber denkt in erster Linie an sich selbst.** Das wird Ihnen eine Hilfe sein, wenn Sie Angst haben, jemand könnte Sie durchschauen.
4. **Es ist besser, selbst vor jemandem zu flüchten, als Anlass zur Flucht zu sein.** Dieses Gesetz motiviert sehr, falls Ihr schlechtes Gewissen Sie plagt, weil Sie Ihr Verschwinden planen. Es gibt auf einer Feier nichts Schlimmeres, als von allen verlassen zu werden.
5. **Wechsel bedeutet Bewegung, Bewegung heißt Wechsel.** Dies ist das wichtigste Gesetz und trifft auf alle Arten gesellschaftlicher Begegnungen (wie auch, philosophisch gesehen, auf das Leben insgesamt) zu. Stillstand ist das einzig wirkliche Verbrechen auf gesellschaftlicher Ebene.

Rückzug: Neun Taktiken zum Verschwinden

Ehrlichkeit anders herum

Wenn ich auf gesellschaftlicher Ebene von „Ehrlichkeit" spreche, meine ich damit nicht Aufrichtigkeit (die mit diesem Thema nicht viel gemein hat), sondern vielmehr eine Art Offenheit. Wenn Sie mir ähnlich sind und eine Tendenz zur Direktheit haben, werden Sie diese Technik gerne, wann immer möglich, anwenden. Sie funktioniert nur dann, wenn Sie eine gewisse Zeit (ca. zehn Minuten) mit ein und derselben Person oder Gruppe verbracht haben. Äußern Sie so ernst wie möglich: „So wohl, wie ich mich hier fühle, ich muss leider noch mit anderen Leuten sprechen" oder „Ich möchte nicht Ihre Zeit in Anspruch nehmen, und wir sollen uns ja auch mit den anderen Gästen unterhalten. Aus diesem Grund sind wir schließlich gekommen." Sie können auch eine Version des Eröffnungssatzes verwenden: „Entschuldigen Sie, aber ich muss meine Fähigkeiten als guter Unterhalter weiter ausbauen!"

Diese Taktik stellt eine klare Aussage dar und Sie verkünden Ihre Absicht, die Gruppe definitiv und ohne Zweifel zu verlassen. Gleichzeitig ist es eine ehrlichere Entschuldigung als viele der anderen Ausreden, auf die Menschen häufig verfallen. Es ist, genau genommen, die der Wahrheit am nächsten kommende Aussage, die Sie machen können, ohne direkt zu sagen, dass Ihnen ein weiteres Verweilen in der Gruppe nicht mehr attraktiv erscheint.

Hinweis: Diese Methode funktioniert sogar noch besser, wenn auch Ehrlichkeit bei der Einleitung benutzt wurde. Wenn bereits Ihr Eröffnungssatz Sie als aufrichtigen Menschen und begeisterten Gesellschafter ausgewiesen hat, werden alle Ihnen diese Rückzugsmethode abkaufen.

Ausblenden

Hierzu bedarf es keiner großen Erklärungen. Fast jedem, der schon auf großen Festen eingeladen war, ist es bekannt. Sie können es nur dann praktizieren, wenn Sie selbst nicht sehr an der Unterhaltung beteiligt und aus diesem Grund auch nicht zum Bleiben verdammt sind und so unauffällig wie möglich von der Bildfläche verschwinden wollen.

Wie Sie sich denken können, funktioniert das Ausblenden ebenso wie das Einblenden (siehe Seite 31), nur umgekehrt. Warten Sie so lange, bis niemand mit Ihnen redet oder Sie ansieht, und fangen Sie dann an, sich langsam zu entfernen. Schauen und hören Sie dem Gespräch aufmerksam zu, während Sie sich zurückziehen, falls Sie doch plötzlich wieder im Mittelpunkt der Unterhaltung stehen sollten. Sobald Sie das Gefühl haben, weit genug von der Gruppe entfernt zu sein, um unbemerkt zu bleiben, geben Sie Fersengeld.

Zwei Warnungen: Es hat keinen Zweck, diese Taktik zu versuchen, wenn Ihre Gruppe nicht aus mindestens vier Personen (Sie eingeschlossen) besteht. Sonst werden Sie erwischt, und das kann peinlich werden. Sollten Sie bemerkt werden, und das kann Ihnen auch in großen Gruppen passieren, müssen Sie sofort Ihre Taktik ändern. Sorgen Sie für Ersatz – nur für den Notfall.

Wachablösung

Dieses bekannte Rückzugsmanöver hatte ich ganz vergessen, bis ich eines Abends auf einer Cocktailparty in der Upper East Side Manhattans eingeladen war. Meine gesellschaftlichen Ambitionen waren auf einen umwerfend aussehenden Mann gerichtet, den ich früher am Abend kennen gelernt hatte. Er stand mit zwei anderen Gästen zusammen. Ich pirschte mich durch Einblenden an (mit einer kleinen Prise gesellschaftlicher Berührungen, über die ich an späterer Stelle berichten werde), und sprach als erstes den von mir ins Auge gefassten Mann an. In dem Moment, in dem ich den Kreis betrat, entfernten sich die beiden anderen schleunigst. Es erstaunte mich, dass meine Anwesenheit ihnen die Chance zum Rückzug eröffnet hatte und dass diese passive Rückzugsmethode ständig und von jedermann genutzt wird. Ich war so erstaunt, dass ich nur da stand und wie ein Idiot mit offenem Mund hinter ihnen her schaute.

Dieses Manöver funktioniert aufgrund des Gesetzes Nummer fünf: Wechsel durch Bewegung. Sobald eine neue Person einen Kreis betritt oder neue Einflüsse auftaucht, findet automatisch, egal, wie unbemerkt, eine Neuorientierung statt. Es hat fast den Anschein, als wenn durch den Zugang seelischer Staub aufgewirbelt würde, und während alle darauf warten, dass er sich wieder legt, können sich Gruppenmitglieder entfernen. Ich nenne diese Strategie auch „die Illusion des Ersatzes", denn derjenige, der geht, nutzt den Umstand, dass ein neuer Gesprächspartner zu der Gruppe gestoßen ist, um sich selbst zurückzuziehen. Es ist ein faszinierender Aspekt gesellschaftlichen Verhaltens und eine denkbar einfache Lösung. Aber auch der Nachteil liegt auf der Hand. Sie müssen warten, bis jemand Neues kommt. Und das kann dauern.

Einfach verschwinden

Wenn Sie das können, fühlen Sie sich großartig – ganz wie ein Gesellschaftslöwe. Dazu benötigen Sie allerdings ein wenig Raffinesse. Einfach zu verschwinden hat den Vorteil, dass es auch in den schlimmsten Situationen funktioniert und, wenn gut durchgeführt, dabei so unauffällig und echt wirkt, dass niemand bemerkt, wie er gerade verlassen wurde.

Die drei Schritte der einfachen Flucht sind: 1. Übernehmen Sie die Unterhaltung. 2. Ändern Sie das Gesprächsthema. 3. Ziehen Sie sich höflich zurück.

Leichter gesagt als getan, ich weiß. Aber hier ein Beispiel: Nehmen wir an, Sie befanden sich anfangs in einem Kreis von vier oder fünf Personen, aber nach und nach zogen sich alle zurück, und Sie blieben alleine mit Udo Unverschämt zurück. Er klammert sich an Sie und redet ohne Unterbrechung über seine Arbeit als Computerverkäufer.

Leider haben Sie versäumt, die ersten Anzeichen der Auflösung der Gruppe rechtzeitig wahrzunehmen und müssen sich jetzt der größten Herausforderung stellen, in die man auf einer gesellschaftlichen Veranstaltung geraten kann. Verzweifeln Sie nicht. Sie können auch weg. Atmen Sie tief durch und konzentrieren Sie sich, denn Sie müssen bei dieser Art des Verschwindens aufmerksamer sein als bisher. Hören Sie genau zu, was Udo erzählt, damit Sie bei der ersten sich bietenden Gelegenheit die Unterhaltung an sich reißen können. Er sagt beispielsweise: „"... also bereitet mir die wirtschaftliche Entwicklung wirklich Probleme, denn es werden neue Software-Lösungen verlangt, die einzelnen Komponenten dann aber nicht von den Kunden gekauft ..." Hier können Sie unterbrechen: „Meinen Sie mit einzelnen Komponenten die Hardware?" (Sie haben schon die Führung übernommen.)

„Nun, ich meine ... die Komponenten ..." wird Udo anfangen zu erklären. Unterbrechen Sie ihn wieder: „Denn ich brauche ein neues System – was ich momentan benutze werden Sie gar nicht mehr kennen – es ist ein riesiges Ungetüm aus den frühen achtziger Jahren und ich habe es seit Ewigkeiten! Können Sie sich das vorstellen, wie ewig sind die Achtziger schon her!" (Sie haben das Thema gewechselt!) Reden Sie weiter, während Udo rudert, um Ihnen zu folgen. „Es scheint mir so, als ob es gerade gestern war, dass Helmut Schmidt zum Bundeskanzler gewählt wurde." Richten Sie jetzt und während Sie immer noch sprechen, Ihre Aufmerksamkeit auf etwas anderes in dem Raum, gerade so, als ob es Sie unwiderstehlich anzieht. Berühren Sie Udo Unverschämt leicht am Arm und sagen: „Entschuldigen Sie mich bitte für einen Moment." Und weg sind Sie.

Das „einfach Verschwinden" hat seine Tücken, aber denken Sie daran: Wenn Sie sich so benehmen, als ob das Gespräch nun ganz natürlich beendet worden wäre und Sie sich großartig unterhalten hätten, wird Ihr Verhalten nicht beleidigend wirken. Wahrscheinlich sind bisher die Gäste auf vielen Feiern vor Herrn Unverschämt davongelaufen. Ihm kommt das vielleicht ganz normal vor. Sie müssen sich nur immer daran erinnern, dass Sie die Situation in der Hand haben müssen, um sicher jemandem zu entkommen.

Schütteln und Gehen

Diese Art des Entkommens bedingt ebenfalls, dass Sie die Macht haben, aber es hängt auch sehr von günstigen Umständen ab, dass die Ausführung klappt. (Üben Sie's am besten vorher an einer Nervensäge.) Setzen Sie diese Methode nur auf einer sehr großen Veranstaltung ein, am besten auf einer geschäftlichen Veranstaltung, wenn Sie sicher sein können, dass

Sie nicht mehr mit der gleichen Person oder Gruppe zusammentreffen werden. Mit anderen Worten, Sie müssen noch viele Leute verabschieden, bevor Sie gehen, oder Sie brauchen ein verdammt gutes Gedächtnis, um sich den restlichen Abend an Ihre „Schüttel-und-Geh"-Partner zu erinnern.

Und so funktioniert es: Stellen Sie sich vor, Sie müssen sich gegen einen Schwätzer wie Herrn Unverschämt behaupten. Während Sie ihn anlächeln und ein interessiertes Gesicht zu seinen Ausführungen machen, halten Sie Ihre Hand so zu ihm hingestreckt, bis er sie instinktiv ergreift, oder fassen Sie ihn an (das geht aber nicht, wenn er seine Hände in den Hosentaschen hat). Schütteln Sie ihm die Hand so lange, bis er seinen Monolog unterbricht oder zumindest langsamer spricht; lächeln Sie dann freundlich und sagen: „Ich freue mich, Sie kennen gelernt (mich mit Ihnen unterhalten) zu haben." Dann gehen Sie. In der umgekehrten Situation, wenn Sie mit einem stummen, linkischen Gast zurückgeblieben sind, ist das Manöver sogar noch einfacher durchführbar. Sie müssen nicht mal das Gespräch unterbrechen, sondern schütteln (die Hand) und gehen.

Das menschliche Opfer

Den meisten Menschen ist es peinlich zuzugeben, dass sie auf diese Weise unangenehmen Gesprächspartnern entkommen, aber sie machten es auf allen Partys, auf denen ich eingeladen war. Es ist eine geschickte Methode, denn sie wird als Gefälligkeit präsentiert. Voraussetzung ist lediglich, dass Sie auf dem Fest mindestens einen weiteren Anwesenden kennen.

Nun sind Sie in einer scheinbar auswegslosen Lage und müssen sich mit Gisela Gähn unterhalten. Entweder sind Sie nur zu zweit oder der andere Gast, der noch in Ihrer Gruppe steht, ist sehr ruhig – in dieser Situation keine große Hilfe. (Sie können sich also nicht unauffällig zurückziehen, während die beiden sich unterhalten. Und außerdem redet Gisela mit Ihnen.) Während Sie ganz interessiert ihren Ausführungen lauschen, fangen Sie jemanden, den Sie kennen oder mit dem Sie sich bereits länger unterhalten haben, ab, und ziehen ihn in die Gruppe. Stellen Sie Gisela und Ihren Bekannten so einander vor, dass der Eindruck entsteht, dass die beiden eine Menge Gemeinsamkeiten haben oder sich ganz besonders sympathisch finden müssen und Sie ihnen eigentlich einen großen Gefallen tun. Und dann: Sobald die beiden den ersten Augenkontakt herstellen, verschwinden Sie. Schnell und unauffällig.

Diese Methode funktioniert aus dem gleichen Grund wie die „Wachablösung"; Sie haben der Unterhaltung eine Wende gegeben und für sich einen Ersatz besorgt. Natürlich werden erfahrene Gesellschaftslöwen Sie sofort durchschauen; auch ich wurde bereits oft geopfert. Ich weiß mittlerweile immer schon, wann es wieder so weit ist, aber außer der Möglichkeit, auch ein Opfer zu finden und sich dann schnellstens zu verdrücken, gibt es nichts, was man dagegen tun könnte. Durchschaubar oder nicht ist das „menschliche Opfer" dennoch ein guter Schachzug. Alles ist gestattet in der Liebe und im gesellschaftlichen Umgang miteinander.

Warnung: Wenn Sie so lange warten, bis ein passender Kandidat auftaucht um Sie abzulösen, könnte es passieren, dass Sie bis zum Sankt Nimmerleinstag oder bis zum Schluss der Feier – je nachdem, was zuerst kommt – an Frau Gähn gebunden sind. Am einfachsten ist es natürlich, wenn durch Zufall wirklich gerade jemand vorbei kommt, aber Sie können auch selbst die Initiative ergreifen. Sie können Gisela, wenn Sie nur zu zweit sind, am Arm ergreifen und während der Unterhaltung ganz sanft zu einer anderen Gruppe oder weiteren Gästen führen. Wenn sie nicht nachgibt, können Sie das Gespräch auch unterbrechen und ihr vorschlagen: „Lassen Sie uns kurz zu meinen Freunden dort drüben gehen." Oder: „Gehen wir mal in Richtung Büffet." Hiermit rede ich allerdings nicht über das weiter unten besprochene Servus am Büffet. Sind Sie erst einmal am Büffet oder sonst irgendwie in der Nähe anderer Gäste, können Sie sogar einen Fremden als Ihr menschliches Opfer einspannen, wenn es Ihnen gelingt, ihn in eine Unterhaltung zu verwickeln. Dann gehen Sie. Es ist wie mit Kaugummi an der Schuhsohle, er klebt so lange daran, bis Sie etwas zum Abkratzen finden.

Übereinstimmend auf und davon

Wahrscheinlich wird Ihnen das nicht so oft passieren. Aber dann ist meist eine leichte Peinlichkeit und Erleichterung dabei.

Hin und wieder bemerken zwei Menschen gleichzeitig, dass sie eigentlich gar nicht zusammenpassen. Gesellschaftlich gesehen. Sie sehen Ihren Gesprächspartner an und stellen fest, dass er genauso fühlt wie Sie; entweder haben Sie schon alles gesagt, was es zu sagen gibt, oder Sie hatten von Anfang an nicht viele Gemeinsamkeiten. Meistens grinst dann einer von Ihnen dümmlich und sagt dann: „Also …" und der andere: „Ja, es war nett …" und der Erste beginnt wieder: „Wirklich, es hat Spaß gemacht …" Und mit einem Handschlag und leichtem Kopfnicken verabschieden Sie sich voneinander. Beide gehen zufrieden auf eine neue Gruppe zu. Es ist leider selten, dass man sich so einvernehmlich trennt, aber es kommt doch hin und wieder vor.

Servus am Büffet und weitere gute Entschuldigungen

Ohne Frage ist dies die am meisten verwendete Entschuldigung, besonders unter Männern. (Es gibt einige auffällige gesellschaftliche Unterschiede zwischen Männern und Frauen.) Sie warten darauf, dass die Unterhaltung leicht abflacht, und entschuldigen sich dann wie folgt:

„Ich muss mir noch etwas zu essen holen."
„Ich brauche noch etwas zu trinken."
„Ich muss mir meine Nase pudern." (Ich habe meinen Spaß an diesem altmodischen Satz.). Ganz lieb. „Ich gehe mal auf die Pipibox."
„Entschuldigung, ich muss mal nach meiner Frau (Freundin) sehen."
„Ich habe der Gastgeberin versprochen, noch zu helfen." (Guter Samariter)
„Wie spät ist es denn bitte? Wirklich? Es tut mir leid, ich muss unbedingt telefonieren."

Trotz der Leichtigkeit, mit der diese bekannten Entschuldigungen aus Ihrem Mund kommen, und ihrer Beliebtheit unter den meisten Partygästen mag ich sie persönlich nicht so sehr und wende sie nur an, wenn es sich nicht vermeiden lässt. Der Grund ist, dass Sie das, was Sie angekündigt haben, auch tatsächlich ausführen müssen, auch wenn Sie dazu eigentlich gar keine Lust haben und Ihr Gesprächspartner noch nicht mal schaut. Das kann die Partylaune wirklich beeinträchtigen. Vom vielen Essen und/oder Trinken wird Ihnen beispielsweise schlecht – oder, noch schlimmer, Sie müssen vor den Toiletten warten, obwohl Sie gar nicht müssen.

Die andere Gefahr dieser Technik liegt darin, dass die Person, der Sie gerne entkommen möchten, Sie begleitet. Um Essen zu holen, an die Bar, zum Sofa oder sogar mit Ihnen zur Toilette geht. In dieser Situation können Sie nichts anderes machen als fröhlich zustimmen und hoffen, Ihre Begleitung an diesem besonderen Ort zu verlieren. Je nach Situation und Ihrer Einstellung denken Sie vielleicht, dass Sie unhöflich sind, wenn Sie Ihrem Gesprächspartner oder den anderen Gruppenmitgliedern nicht anbieten, auch etwas zu trinken mitzubringen. Es ist aber unter keinen Umständen gesellschaftlich akzeptabel, ein Versprechen zu machen und es dann nicht einzuhalten. Mir sind allerdings Leute bekannt, die schnell die versprochenen Getränke abliefern und dann verschwinden. Solch ein Manöver ist allerdings nicht einfach.

Die Entschuldigung, die ich Ihnen empfehle, überrascht Sie sicher: Es ist die Telefon-Methode. Aus zweierlei Gründen. Zum einen ist das Telefon der Ort, an den Sie sicher niemals jemand (oder zumindest fast niemand) begleiten wird. Schon allein aus Ihrer Erklärung, dass Sie ein Gespräch führen müssen, geht hervor, dass es sich um etwas Persönliches handelt. Natürlich müssen Sie dann auch wirklich telefonieren. Sie können ja die Zeitauskunft, die Wetteransage oder Ihren Anrufbeantworter wählen, wobei ich am liebsten mich selbst anrufe. Auf diese Weise habe ich dann zu Hause noch mal das Vergnügen, mich an den harmlosen Trick zu erinnern.

Der Trick mit dem Telefon lässt sich ausbauen und kann Ihre Entschuldigung sein, die Feier vorzeitig zu verlassen. Wenn Sie wirklich gehen wollen, können Sie eine ganze Liste glaubhafter und sogar spannender Geschichten erfinden. Wen Sie angerufen haben und warum Sie bereits gehen müssen. Oder Sie können sich geheimnisvoll geben. Einfach verkünden: „Es tut mir Leid, ich muss gehen." Und schon sind Sie weg.

Ersatzangebot

Probieren Sie diese Technik auf Ihrer nächsten Feier und ich garantiere Ihnen Spaß. Alles, was Sie benötigen, ist ein wenig Körpersprache, insbesondere mit Ihren Augen.

Ganz besonders leicht fällt Ihnen diese Methode, wenn die Person, mit der Sie sich unterhalten, Sie langweilt. Wahrscheinlich lässt Ihre Aufmerksamkeit bereits nach und Sie nutzen die Zeit, um sich etwas umzusehen. Entweder sind Sie schon auf der Suche nach Ihrem nächsten Gesprächspartner oder Sie sind zu Tode gelangweilt. Versuchen Sie dabei, sich nur dann umzusehen, wenn Sie sprechen, obwohl es vielleicht sogar nötig werden kann, dass Sie eine Ausnahme von der Regel machen und Ihre Augen auch unauffällig dann schweifen lassen, wenn Sie angesprochen werden. Wenn Sie daran denken, immer wieder Augenkontakt herzustellen, funktioniert es möglicherweise. Die Absicht ist nun, den Eindruck zu erwecken, dass Ihre Aufmerksamkeit unausweichlich von etwas anderem beansprucht wird, völlig gegen Ihren Willen. Um das Manöver echt zu gestalten, sollten Sie Ihre Augen auf einen Punkt fokussieren (entweder echt oder gedacht) und „Oh!" ausrufen. Tun Sie einen Moment lang so, als ob Ihnen das peinlich sei. Dann lächeln Sie entschuldigend und sagen etwas in der Richtung: „Verzeihen Sie, aber ich habe gerade jemanden gesehen, auf den mein Chef mich besonders hingewiesen hat und mit dem ich mich unbedingt unterhalten muss."

Die falsche Suche kann ein bisschen abrupt wirken, aber wenn Sie sich genügend anstrengen, um das Ganze echt erscheinen zu lassen, haben Sie eine der schnellsten Methoden, um sich zurückzuziehen. Tatsächlich wird sie Ihnen bei mehrmaliger Übung so geläufig wie das Atmen. Manche Menschen verwenden als Entschuldigung gerne: „Was macht denn ..." (wie: „Was macht denn um alles in der Welt ..."), andere bleiben beim bereits beschriebenen: „Oh". Sprechen Sie so, wie es Ihnen am leichtesten fällt.

Eine andere Version der gleichen Methode ist der Ruf des Partners. In dieser Form der Suche verdeutlichen Sie, dass Ihr Partner Ihnen signalisiert, dass er Ihre Gesellschaft benötigt. Ist Ihr Partner Ihrem Gegenüber bekannt, können Sie alles wortlos ablaufen lassen und nur mit den Augen in Richtung Ihres Partners deuten, als ob Sie sagen wollten: „Ich werde schon wieder gerufen." Oder nicken oder winken Sie in Richtung Ihres Lebensgefährten und tun Sie so, als ob Sie einem Ruf Folge leisten würden. Wenn dieser andererseits Ihrem Gesprächspartner unbekannt ist, können Sie jederzeit sagen: „Ach, verzeihen Sie bitte … ich glaube, meine Frau braucht etwas … nur einen Moment bitte." „… nur einen Moment bitte" ist eine Höflichkeitsfloskel, die Ihren Rückzug etwas abmildert. Damit zeigen Sie, dass Sie wirklich vorhaben, wieder zu Ihrer Unterhaltung zurückzukehren, aber Sie versprechen nichts.

Das Ersatzangebot ist unbestritten ein mutiges Unterfangen, aber gerade darum funktioniert es so gut. Diese Art Lüge wird von niemandem erwartet, während immer dann, wenn sich jemand entschuldigt, um Essen oder Trinken zu holen, der Verdacht auf Verschwindenwollen aufkommt. Der andere Vorteil dieser Methode ist der positive Eindruck, den Sie hinterlassen. Sie vermitteln, dass Sie mit so vielen Menschen sprechen müssen, dass Sie dauernd unterwegs sind. Sie kommen in den Ruf, eine gefragte Person zu sein (außer natürlich, Sie spannen Ihren Partner mit ein. In diesem Fall sehen Sie im besten Fall loyal aus; im schlechtesten stehen Sie unter dem Pantoffel.)

Notausstieg

Wenn Sie Ihre gesellschaftlichen Fähigkeiten wirklich verbessern möchten, rate ich Ihnen sehr, wenigstens einige der neun Rückzugsmöglichkeiten zu erlernen und einzuüben. Für Extremsituationen jedoch, oder wenn Sie zu den Menschen gehören, die in Starrheit verfallen, sobald sie sich auf Feiern eingekesselt fühlen, können Sie sich eine oder mehrere der folgenden „Notausstiege" merken. Sie sind rüde, funktionieren aber sicher und schnell.

Hinweis: Der Erfolg ist größer, wenn Sie beim Sprechen leicht den Arm Ihres Gegenübers berühren. Es ist immer gut, sich so mitfühlend wie möglich zu verhalten, wenn Sie jemanden abservieren.

„Vergessen Sie das nicht ...!"
„Ich bin gleich wieder da ..."
„Entschuldigen Sie, hier ist es zu laut (verraucht, heiß)."
„Es tut mir Leid, mir fällt gerade etwas Dringendes ein."
„Wir sollten uns auch wieder mit den anderen unterhalten."
„Bitte entschuldigen Sie mich einen Moment ..."
„Mir ist gerade nicht gut."
„Verzeihung – meine Kontaktlinse ..."
„Ich glaube, mir ist gerade eine Plombe herausgefallen!"
„Oh Gott – mein Geldbeutel!"

Die letze Rettung: Rückzug auf die unhöfliche Art

Anders als die neun Rückzugstaktiken und die „Notausstiege", die alle mehr oder weniger gutartiger Natur sind, haben die folgenden Techniken, die Sie dann anwenden können, wenn gar nichts anderes mehr möglich ist, eine unhöfliche Komponente. Sie sollten sie wirklich nur im äußersten Notfall anwenden, wenn Sie krassen Langweilern, bigotten oder bösartigen Charakteren ausgeliefert sind. Hier gehen nicht Sie, sondern veranlassen den anderen dazu.

Ich habe diese Methode von meinem Bruder, der mir davon erzählte, und befragte dann andere Menschen darüber. Nicht jeder gibt gerne zu, sich dieser Methode zu bedienen, aber die meisten Männer, die ich interviewte, konnten sie sich ohne Zögern vorstellen. In der Tat schien sie ihnen ziemlich bekannt zu sein, während Frauen bei der Vorstellung eher entsetzt reagierten.

Bevor ich Ihnen die verschiedenen Möglichkeiten der unhöflichen Flucht beschreibe, muss ich Sie ausdrücklich warnen.

Was Sie vorhaben, kann Menschen dazu veranlassen, Sie abzulehnen oder zumindest zu denken, dass Sie sich sehr seltsam verhalten. Normalerweise bedingt diese Methode, dass Sie sich selbst so unmöglich verhalten, dass die Leute, vor denen Sie Ihre Ruhe haben möchten, vor Ihnen davonlaufen. Wenden Sie diese Taktik nur dann an, wenn Sie über ein ausgeprägtes Selbstbewusstsein verfügen und wenn ausgeschlossen ist, dass Sie jemals in der Zukunft auf die Fürsprache der Personen angewiesen sein werden, die Sie nun „beleidigen" wollen. Ihnen muss auch klar sein, dass Sie alleine zurückbleiben, wenn Sie erfolgreich sind (wobei ich davon ausgehe, dass jeder, der den Mut hat, sich so zu retten, auch in der Lage ist, mit dem Alleinsein fertig zu werden). Und im schlimmsten Fall: Ihre Beleidigung macht auf der Feier die Runde. Mit anderen Worten – es kann sein, dass Sie auf dieser Party zur Persona Non Grata werden.

Trotzdem haben die folgenden Methoden etwas Erbauliches, Abenteuerliches und Unbezähmbares an sich. Wenn Sie also wirklich in der Falle sitzen oder vor Wut kochen, dann:

- **Interessieren Sie Ihr Gegenüber für einen anderen Unterhaltungspartner.** Das ist die am wenigsten unhöfliche Möglichkeit, und ich selbst habe sie schon mit großem Erfolg angewandt. Deuten Sie mit den Worten: „Ach, da ist sie ja! ... Die Dame dort hat mich gefragt, ob ich Sie beide nicht miteinander bekannt machen könnte" auf einen anderen Gast. Auch: „Ich darf ja nichts sagen, aber in der Gruppe dort drüben gibt es jemanden, der 100-DM-Scheine

4. Die große Flucht – Entkommen und Weiterlaufen

verteilt." Zeigen Sie grob in die Richtung einer Gruppe und behaupten Sie: „Ich glaube, da möchte jemand was von Ihnen." Wenn Ihr Gegenüber dann verwirrt schaut, erklären Sie weiter: „Ich kann jetzt nicht sehen, wer es war, aber Ihnen wurde gerade zugewunken." Es gibt endlose Möglichkeiten, einen Menschen zu veranlassen, sich von Ihnen entfernen zu wollen. (Eine Möglichkeit ist auch, auf das leckere Essen oder die letzte Flasche Champagner hinzuweisen.) Das Beste daran ist, dass Sie endlos Neues erfinden können, so lange, bis Sie Ihr Ziel erreicht haben.

- **Sprechen Sie zu laut und zu schnell.** Auf diese Weise verhalten Sie sich womöglich unhöflicher als die Person, der Sie entkommen möchten. Beachten Sie aber: Andere Gäste könnten auf Sie aufmerksam werden und denken, dass Sie schon recht merkwürdig sind. Aber es funktioniert auf jeden Fall.
- **Verhalten Sie sich so, als ob Sie unter einer ansteckenden Krankheit leiden.** Ich kann Ihnen nicht dazu raten, aber es soll funktionieren. Fragen Sie Ihr Gegenüber, ob er einen Ausschlag in Ihrem Gesicht sehen kann. Wenn seine Antwort ein unsicheres „Nein" ist, sind Sie erleichtert: „Ach, fein ... Vielen Dank."
- **Sprechen Sie über Körperpflege.** Zu diesem Thema kann ich Ihnen allerdings keine Empfehlungen geben und meine Großmutter würde sich im Grab umdrehen. (Sie müssen schon ziemlich verzweifelt sein, um dieses Thema anzuschneiden.)
- **Verhalten Sie sich langweilend und dumm.** Erzählen Sie ausführlich, welche Dinge im Fernseh-Verkauf angeboten wurden. Stottern Sie und sprechen Sie so langsam, wie es nur eben geht, ohne Ihrem Gegenüber eine Chance zur Unterbrechung zu geben.
- **Weisen Sie Ihren Gesprächspartner auf Unzulänglichkeiten hin.** Zum Beispiel auf Essensreste im Gesicht oder einen hervorschauenden Unterrock. Noch besser, Sie reagieren zynisch: „... ich habe zu Hause auch keine Spiegel."
- **Mutieren Sie zum Fanatiker.** Fragen Sie so ernsthaft wie möglich: „Haben Sie auch eine persönliche Beziehung zu Jesus Christus?"

- **Verschütten Sie etwas.** Essen, Ihr Getränk, sein Getränk; irgendetwas. Diese Methode funktioniert schnell und nachhaltig. Nicht nur dass Sie als Trampel gelten und unattraktiv sind, das Opfer braucht auch Wasser und ein Handtuch.
- **Steigen Sie jemandem auf den Fuß oder tun ihm auf andere Weise weh.** Passen Sie dabei aber auf. Denken Sie daran, dass wir in einer zivilisierten Gesellschaft leben. Sie dürfen niemanden wirklich verletzen. Auch wollen Sie nicht in eine Schlägerei verwickelt werden oder sonstwie eine Szene verursachen. Dies wäre kein konstruktiver Beitrag zum gesellschaftlichen Umgang miteinander.

5. Fußarbeit – fortgeschrittene Techniken des gesellschaftlichen Umgangs

Nachdem Sie die Grundlagen beherrschen, möchten Sie vielleicht Ihre gesellschaftlichen Fähigkeiten erweitern und verfeinern. Denken Sie daran: Je versierter und sicherer Sie in Ihrem gesellschaftlichen Verhalten werden, desto mehr Freude haben Sie an gesellschaftlichen Veranstaltungen und desto leichter erreichen Sie Ihre anderen Ziele (eine Stelle, befördert werden, einen Partner). Obwohl die meisten Leser nicht sofort alle der folgenden Tricks und Kniffe beherrschen werden, kommen Ihnen viele davon sicher bekannt vor, und einige sind unbezahlbar.

Vier Arten des gesellschaftlichen Umgangs für Fortgeschrittene

Der Unterhaltungskünstler

Je mehr Erfahrungen Sie im gesellschaftlichen Umgang sammeln, desto deutlicher erkennen Sie, wie wichtig es ist, dass Sie eine Unterhaltung im Griff haben. Ein richtiger Gesellschafter schmiedet eine Gruppe unter Einsatz all seiner Fähigkeiten zusammen, wobei die Fähigkeit, schnell die Themen zu wechseln, am herausragendsten ist. Die meisten geborenen Unterhalter sind in dieser Hinsicht Naturtalente, auch wenn es ihnen selbst gar nicht bewusst ist. Darin liegt ihre Stärke. Auch wenn sie nicht aus reinem Vergnügen den Umgang mit anderen Menschen suchen, macht es sie zu unerschütterlichen Gesellschaftsstars.

Um ein guter Unterhaltungskünstler zu werden, müssen Sie üben, Ihre Aufmerksamkeit während eines Gesprächs zu erweitern, damit Sie, während Sie Ihrem Gegenüber zuhören, sich nicht nur auf Ihre eigene Antwort konzentrieren, sondern auch darauf, welche Themen als nächste angesprochen werden sollen. Damit will ich nicht sagen, dass Sie nicht mehr zuhören sollen. Die besten Unterhalter scheinen immer restlos von dem fasziniert zu sein, was ihnen erzählt wird, aber wenn Sie fix sind, können Sie ein Gespräch schnell, noch bevor die anderen wissen, wie ihnen geschieht, auf ein Thema Ihrer Wahl lenken.

Ein gutes Beispiel ist, den Aufbau eines Gesprächs mit der Konstruktion einer Brücke zu vergleichen. Meistens befinden Sie und Ihre Gesprächspartner sich auf der einen Seite des Flusses. Sie möchten aber, dass die Gruppe auf der anderen Seite ist. Die Lösung liegt nun darin, etwas zu finden, mit dem Sie eine Brücke von Ufer zu Ufer bauen können. Wenn Sie einfach die Unterhaltung unterbrechen und das Thema ohne Übergang ändern, werden Sie ungeschickt, wenn nicht sogar unhöflich erscheinen. Denken Sie daran: Es darf nie so aussehen, als ob Sie dem Gespräch absichtlich eine neue Richtung gegeben hätten. Die Unterhaltung muss so natürlich dahinfließen, als ob sie sich ihren eigenen Weg sucht. Nehmen wir an, in Ihrer Gruppe gibt es eine sehr interessante Architektin, deren Ehemann und einen weiteren Gast.

Sie würden nun gerne Ihre Unterhaltung auf die Architektin lenken, denn Sie haben einige ihrer Werke gesehen und sind begeistert. Momentan allerdings erläutert der Ehemann ausführlich seine Gartenpläne, die Sie ungefähr genauso interessant wie den berühmten Sack Reis in China finden. Die anderen stehen passiv lauschend daneben oder machen nichtssagende Bemerkungen wie: „Ach, die habe ich schon gesehen, wie hübsch" oder „Blühen die das ganze Jahr?" Als Unterhaltungskünstler wissen Sie genau, worüber Sie sprechen möchten und müssen sich nicht anstrengen, um dorthin zu gelangen. Stellen Sie sich einfach alle möglichen Verbindungen zwischen den beiden Themen vor, entscheiden Sie sich für eine und steuern Sie auf die Brücke zu.

Zum Beispiel können Sie an die Architektin gewandt sagen: „Die Planung von Häusern für eine Siedlung muss doch der Gestaltung eines Gartens ähnlich sein, oder nicht?" oder „Arbeiten Sie eng mit den Landschaftsgärtnern zusammen, wenn Sie Ihre Häuser planen?" Natürlich wird die Architektin antworten, und Sie können Ihr Thema weiter verfolgen und sich darüber freuen, dass das Gespräch nicht nur für Sie interessanter geworden ist, sondern wahrscheinlich auch noch für zwei oder drei andere Zuhörer.

Zugegebenermaßen gibt es Unterhaltungen, denen man schwerer einen neuen Inhalt geben kann als anderen, genauso, wie es manche Leute gibt, die hartnäckig dazu entschlossen sind, über ihre Interessen zu sprechen. Aber wenn Sie wirklich gut sind, gelingt es Ihnen, jeden auszutricksen und/oder zu entkommen, falls nötig.

Eine andere Möglichkeit, das Gesprächsthema schnell zu wechseln, ist, freie Assoziationen zu nutzen. Auf diese Weise bleiben Sie wirklich am Ball, was Sie natürlich beabsichtigen, denn es ist zu Ihrem Vorteil. Eine Unterhaltung dreht sich beispielsweise um Blumen. Sie lassen sich vom Wort „Blume" zu einem anderen Wort inspirieren. Biene kommt Ihnen in den Sinn. Dann können Sie mit einem fragenden Ausdruck nachhaken, ob Bienen alle Pflanzen befruchten oder so ähnlich. Mit der Antwort des Pflanzenexperten können Sie das Thema abschließen, indem Sie bemerken, dass Sie eine unerklärliche Furcht vor Bienen haben, unter einer Allergie leiden; wussten die anderen eigentlich, dass Bienen nach dem Stich sterben, und ist das nicht die gerechte Strafe? Aus der letzten Bemerkung kann sich eine Unterhaltung über Aggression und Gerechtigkeit entwickeln, die bestimmt ein viel interessanteres Thema ist als Pflanzen und Düngemittel.

Freie Assoziation wird von guten Unterhaltern gerne aus zweierlei Gründen angewendet. Zum einen ist sie flexibler und lässt mehr Möglichkeiten offen als der Brückenbau. Das heißt, Sie müssen nicht unbedingt von A nach B kommen, sondern entfernen sich nur von A, entweder weil A langweilig ist und Sie nicht interessiert oder weil Sie die Unterhaltung in Ihrer Gewalt haben wollen. Zum anderen beherrschen Unterhaltungsgenies freie Assoziationen so gut, dass auch alle anderen gerade an dieses Thema denken. Im Allgemeinen erscheint der Wechsel ganz natürlich und unbeabsichtigt. Ein Könner hat so die Möglichkeit, das Gespräch in einer Gruppe schnell und elegant von einem Thema zum nächsten zu führen, wobei sich alle – der Unterhalter mit eingeschlossen, prächtig amüsieren.

Der Papagei

Waren Sie schon einmal auf einem Empfang, bei dem Sie sich mit Hunderten von Menschen unterhalten mussten, mit einem nach dem anderen? Wahrscheinlich haben Sie keine Ahnung, worüber Sie sich mit all diesen Menschen unterhalten sollen, und Ihre Mundwinkel bekommen schon einen Krampf vom ewigen Lächeln. In einer solch ausweglosen Situation lernte ich glücklicherweise den Papageien-Trick kennen. Er ist hervorragend für Empfänge, Urkunden-Verleihungen und andere Veranstaltungen geeignet, bei denen Sie im Mittelpunkt stehen (Debüt, Eröffnung Ihrer Vernissage) und viele Menschen in schneller Reihenfolge an Ihnen vorbeiziehen.

Sie sind die Trauzeugin. Als ob es nicht schon reichen würde, dass Sie aufgetakelt und in unbequemen Schuhen neben der Braut stehen müssen, sollen Sie nun auch noch einer endlosen Schlange von Gästen, die Sie zum Großteil gar nicht kennen und wahrscheinlich auch nie wieder sehen werden, die Hände schütteln. Sie können sich nur ganz kurz mit jedem unterhalten und da Ihnen der Sinn sowieso eher nach etwas zu trinken oder zu essen steht, ist es nur normal, wenn Sie sich zurückziehen. Sie lächeln so nett wie möglich und bedanken sich lieb für das obligatorische Kompliment, wie hübsch Sie aussehen.

Natürlich verhalten Sie sich damit gesellschaftlich gesehen absolut korrekt. Aber wenn Sie in Betracht ziehen, dass die Gäste, die an Ihnen vorbeidefilieren, sich bei diesem altmodischen Ritual genauso langweilen wie Sie, könnten Sie es doch ein bisschen interessanter gestalten. Jede gesellschaftliche Veranstaltung sollte ja immerhin dem Zweck dienen, dass man sich vergnügt. Und glauben Sie mir, wenn Sie auf einem Empfang eine interessante Unterhaltung führen können, spricht sich bald herum, dass Sie ein gesellschaftliches Wunderkind sind. Und so geht's:

Sagen Sie das, was eine Person zu Ihnen gesagt hat, als Gesprächsaufhänger beim nächsten Gast, der sich mit Ihnen unterhalten will, und tun Sie so, als ob es von Ihnen kommt. Wenn also Frau Meier zu Ihnen sagt, wie herrlich das Paar zusammenpasst, können Sie den nachfolgenden Herrn Müller fragen, ob er es nicht auch wunderbar findet, wie die beiden füreinander geschaffen sind. Wenn Herr Müller nun sagt: „Ja, ja, sie geben ein wunderbares Paar ab", können Sie die nächste Person fragen, ob dem nicht so sei. Wenn dann die Antwort kommt, noch nie eine so schöne Braut gesehen zu haben, können Sie mit dieser Antwort wieder den Nächsten fragen usw.

Indem Sie imitieren, können Sie verhindern, den gleichen Satz ständig zu wiederholen, müssen sich aber gleichzeitig auch nicht 60 verschiedene Themen pro Stunde ausdenken, über die Sie sich unterhalten könnten. Obwohl die Beispiele, die ich Ihnen genannt habe, nicht schwer waren, und Sie sicher auch darauf gekommen wären, überlasse ich gerne anderen Leuten die Mühe, sich Themen auszudenken, und erhole mich dabei. Ein wenig Gedankenklau und schon denken die Leute, Sie seien der geborene Unterhalter. Sie vermitteln den Eindruck, nie um Worte verlegen zu sein.

Die Papageien-Technik kann auch unter „normalen" Umständen auf Festen sehr nützlich sein, auch wenn sie ein wenig mehr Geschick bei der Durchführung verlangt. Auf einer großen Feier müssen Sie einen Gedanken oder Kommentar von einer Gruppe mit in eine andere nehmen. (Manchmal eignet sich das Gehörte auch gut als Eröffnungssatz.) Wenn zum Beispiel jemand erwähnt, dass dies bereits die zehnte Feier meiner Gastgeber in einem Jahr ist, und Sie kurz darauf in einer anderen Gruppe sind und ein Gesprächsthema brauchen, können Sie diese Aussage anbringen. Es handelt sich hierbei um eine allgemeine Feststellung, die fast jede Pause belebt.

Warnung: Es kann passieren, dass Ihre gestohlenen Worte jemand anderem auf der Feier bekannt vorkommen. Entweder gab es einen Zeugen aus der ersten Gruppe oder die Bemerkung hatte eigene, ganz charakteristische Züge. Falls Sie befürchten müssen, mit langen Fingern erwischt zu werden, ist es am besten, das Urheberrecht jemand anderem zuzuschieben. Beginnen Sie den Satz mit der Aussage: „Das hat mir ... erzählt." Auf diese Weise gelten Sie nicht als phantasieloser Langweiler, der auch noch seine Unterhaltung von anderen klauen muss. Trotzdem kommen Sie in den Genuss des Gewinns.

Oberflächlichkeiten

Manche Menschen habe die natürliche Gabe, sich an Nebensächlichkeiten zu erinnern, anderen, mich eingeschlossen, gelingt das partout nicht. Es gibt keine mir bekannte Möglichkeit, einen zurückhaltenden Menschen in eine jener Stimmungskanonen zu verwandeln, die wir alle so gerne mögen. Wenn Sie allerdings zu jenen Naturtalenten gehören, denen gesellschaftlicher Umgang sozusagen in den Schoß fällt, haben Sie im öffentlichen Leben einen großen Vorteil, solange Sie die folgenden Gesetze beachten:

1. **Wenn Sie etwas wissen, teilen Sie es den anderen mit.** Wenn Sie interessante Neuigkeiten erfahren haben, erzählen Sie sie um Gottes Willen weiter. Oberflächliche Geschichten und gesellschaftlicher Umgang gehören zusammen. Beides sind leichte, interessante und ungefährliche Formen des menschlichen Umgangs. Aber halten Sie Maß. Niemand unterhält sich gerne mit jemandem, der immer alles besser weiß.
2. **Warten Sie auf die richtige Gelegenheit.** Dies ist ein ungeschriebenes Gesetz im Gesellschaftsspiel. Ihre Geschichte muss in die Unterhaltung passen und genau an der richtigen Stelle eingefügt werden. Dann schaut es nicht gezwungen oder nach Angabe aus.
3. **Erzählen Sie eine Geschichte nicht alleine deshalb, weil Sie eine bestimmte Neuigkeit darin unterbringen möchten.** Das ist untersagt, auch wenn es guten Gesellschaftern gelingen könnte. Wenn das, was Sie wissen, so absolut weltbewegend ist, dass Sie es einfach weitererzählen müssen, dann tun Sie das. Aber verschwenden Sie nicht Ihre Zeit und Kraft dazu, die Unterhaltung so zu beeinflussen, dass Ihre Geschichte dazu passt. Sie könnten dabei ertappt werden, und das wäre wirklich peinlich. Grob gesagt, Sie würden aussehen wie ein gesellschaftlicher Schwachkopf. Gesellschaftsreporter werden nur dann als unterhaltend empfunden, wenn sie nicht zu sehr auf ihrer Geschichte beharren.
4. **Gehen Sie sicher, dass Sie Zuhörer haben.** Beobachten Sie die anderen sorgfältig, wenn Sie Ihre erste Geschichte

erzählen. Scheint es so, als ob andere Ihrer Gruppe mit Interesse zuhörten? Manchmal empfinden Leute Oberflächlichkeiten als Unterbrechung in einer Unterhaltung oder auch schlichtweg langweilig. Es gibt keine Möglichkeit, Ihnen mitzuteilen, wann Sie Klatsch erzählen können – Sie müssen einfach auf die Reaktionen um sich herum achten. Rollen Ihre Zuhörer mit den Augen oder schweifen ab? Räuspern sich viele? Geben Sie Acht, dass Sie nicht unverschämt wirken.

Die Huckepack-Methode

Hierbei handelt es sich um ein allgemein bekanntes Konzept im gesellschaftlichen Umgang und ich kenne viele Leute, die darauf schwören. Es ist nicht gerade besonders mutig, kann aber die ganze Zeit über eingesetzt werden, vom Anfang einer Feier bis zu deren Ende.

Viele Unterhaltungsgenies verwenden diese Methode, ohne überhaupt darüber nachzudenken, weil sie so einfach ist. Sie müssen sich nur kurzfristig an eine andere Person hängen, um mit herumgeführt zu werden.

Stellen Sie sich vor, Sie kommen auf eine Feier, auf der Ihnen außer der Gastgeberin niemand anders bekannt ist. Kein Problem. Hängen Sie sich an sie und halten sich so lange fest, bis Sie jemand anders vorgestellt werden – oder bis sich ein anderer Gast zu Ihnen gesellt. Keine Angst, innerhalb kürzester Zeit wird eines von beidem passieren, wenn sie eine gute Gastgeberin ist. Nun haben Sie einen neuen Bekannten, der Sie herumführen kann, und Sie lernen andere Gruppen kennen, in denen Sie sich wieder an neue Leute hängen können. Auf diese Weise können Sie von einer Unterhaltung zur nächsten springen und machen den Eindruck, gefragt zu sein und sich gut unterhalten zu können. Auch wenn die Gastgeberin Sie aus dem einen oder anderen Grund nicht vorstellt, sondern nur mit den Worten: „Bedien dich an der Bar" vage auf eine Ecke des Zimmers deutet, können Sie sich immer noch der Huckepack-Methode bedienen – nachdem Sie sich auf andere Weise mit ein oder zwei weiteren Gästen bekannt gemacht haben.

Die wahre Kunst liegt in der Art und Weise, wie Sie sich an andere Menschen hängen. Ich möchte Sie hier nicht dazu ermuntern, sich wirklich an den Rockzipfel zu klammern. Wie ein guter Detektiv müssen Sie den Eindruck erwecken, gar nicht zu bemerken, wann Ihr Huckepack-Opfer die Runde verlässt. Warten Sie einige Sekunden lang und folgen dann unauffällig. Erinnern Sie sich an die Methode der Wachablösung? Wenn Sie schnell genug sind, ist es ganz leicht, eine Gruppe zu verlassen, nachdem gerade jemand anders gegangen ist. Ihr Opfer muss denken, dass es ein reiner Zufall ist, dass Sie ihm in eine neue Gruppe gefolgt sind. Oder aber, dass Sie ihn für einen so guten Gesellschafter halten und ihm deshalb nachkommen. Lassen Sie ihn nie merken, dass Sie ihn nur benutzen, um ungezwungen neue Leute kennen zu lernen. Huckepack enttarnt zu werden, lässt Sie sehr unselbstständig erscheinen.

Beachten Sie bitte auch: Sie müssen Ihre Opfer so häufig wie möglich wechseln. Es ist gegen alle Regeln des gesellschaftlichen Umgangs, zu viel Zeit mit ein und derselben Person zu verbringen. Vergessen Sie nie meinen Standardausspruch: Am besten unterhält man sich alleine. (Natürlich habe ich nichts gegen gelegentliche Hilfe.)

Der Schmetterlingsflirt
(Nur für Geübte)

Stellen Sie sich eine Wiese an einem Sommertag vor. Machen Sie, wenn möglich einen Ausflug aufs Land und schauen sich eine Wiese an. Die Schmetterlinge tanzen über den Blumen. Sehen Sie, wie schnell und leicht sie die Pflanzen berühren – wie ein Hauch, während andere sich anmutig niederlassen. Schmetterlinge sind frei, die Pflanzen, die sie anfliegen, sind glücklich und hinterlassen bei den Schmetterlingen eine bleibende Erinnerung an einen kurzen Kontakt.

Entschuldigen Sie meine romantischen Anwandlungen, aber es ist dieses Bild, das Sie in Ihrer Vorstellung haben müssen, wenn Sie sich auf den Schmetterlings-Flirt einlassen wollen. Mit dieser Technik wird gesellschaftlicher Umgang zur Kunst erhoben. Wie bei allen kreativen Dingen ist er schwer mit Worten zu beschreiben und in Schritt-für-Schritt-Anweisungen zu fassen.

Der Schmetterlings-Flirt kann alle Sätze, Techniken und Tricks dieses Buches umfassen. Indem Sie Ihr ganzes gesellschaftliches Wissen und ihren Instinkt einsetzen, muss es Ihr Ziel sein, sich durch die anderen Gäste zu bewegen, hier 30 Sekunden zu verweilen und dort ein paar Worte zu wechseln. Wenn Ihnen eine Gruppe interessant oder herausfordernd genug erscheint, um dort ein wenig zu verweilen, betreten Sie den Kreis und bleiben dort für fünf oder sechs Minuten. Dann sind Sie auch schon wieder weg, lassen Ihre früheren Gefährten sprachlos und mit dem Wunsch, dass Sie länger geblieben wären, zurück. Aber vielleicht kommen Sie ja noch mal wieder.

Wie Sie den Schmetterlings-Flirt praktisch bewerkstelligen, ohne unstet zu wirken, unfreundlich oder grob zu sein und Scherben zu hinterlassen, kann man nicht beschreiben. Wenn Sie sich wirklich gut fühlen und gesellschaftlich glänzen, dann trauen Sie sich und machen die Runde. Das ist eines von den Dingen, die man nur durch Erfahrung lernen kann. Trotzdem, so muss ich gestehen, würde ich es den meisten Menschen nicht empfehlen.

Sechs Tricks für den selbstsicheren Gesellschafter

Wenn es die Situation zulässt und Ihnen der Sinn danach steht, können die folgenden Tricks Ihrem Abend zusätzlichen Glanz verleihen und Ihre gesellschaftlichen Umgangsformen bereichern. Anders als die zuvor beschriebenen Methoden eignen sich diese Tricks nur für den gelegentlichen Gebrauch. Sie sollten ihre Anwendung auf ein- bis zweimal pro Feier begrenzen.

Der Falsche ist's

Ich weiß, dass Sie wahrscheinlich Dutzende solcher Verwechslungskomödien in alten Filmen gesehen haben. Es war immer schon ein beliebter Einstieg, um jemanden kennen zu lernen, deshalb benutze ich persönlich auch nie diese Variante, es sei denn, ich habe wirklich nur Interesse an einer Unterhaltung und an nichts anderem. Sie haben schon erraten, hier handelt es sich um das Altbekannte: „Ach, Verzeihung, ich habe Sie für jemand anderen gehalten." Das ist so abgedroschen, dass es wirklich funktioniert! Wahrscheinlich auch nur, weil die meisten Leute denken, dass keiner sich auf diese Weise entschuldigen würde, wenn es nicht stimmte.

Es gibt viele unterhaltsame und lustige Möglichkeiten, um dieses wagemutige Manöver zu inszenieren. Am einfachsten und sichersten ist, hinter seinem anvisierten Opfer aufzutauchen und ihm ganz zuversichtlich auf die Schulter zu klopfen oder ihn leicht anzustupsen. Ein breites „Ich freue mich, dass wir uns treffen – Lächeln" sollte beim Anblick des sich umdrehenden Fremden langsam einem verwirrten, dümmlichen und überraschten Gesichtsausdruck weichen. Dann können Sie etwas sagen wie: „Es tut mir wirklich leid. Von hinten – ich hätte schwören können, dass Sie jemand anders sind." Manchmal hänge ich dann noch den Satz: „Das klingt ja wirklich kitschig" an. Zu diesem Zeitpunkt sind Sie auf alle Fälle mehr oder weniger in der Gruppe aufgenommen und können Ihr Entrée mit Gesprächen weiterführen. Sie können sich aber auch ganz einfach nur vorstellen.

Wie Sie sich denken können, gibt es auch wesentlich frechere Möglichkeiten, diese Methode zu nutzen, die einen dauerhaften Eindruck hinterlassen, aber mit denen Sie sich möglicherweise auch großen Ärger einhandeln. Sie können den Anvisierten kneifen, ein Getränk über seinen Kopf schütten, auf den Po (oder sonst wo) hauen oder sogar in den Nacken küssen. Ihr Schock, wenn Sie dann den Fehler entdecken, muss natürlich der Intimität der Maßnahme angemessen sein. Der Nachteil dieser extremeren Methoden: Das Opfer ist häufig so beleidigt und die anderen Gruppenmitglieder so starr vor Schreck, dass der Gedanke, sich mit Ihnen zu unterhalten, sie abschreckt.

Denken Sie auch immer daran, dass dieser Witz fehlschlagen und auf Sie zurückfallen kann. Dann werden Sie abgelehnt oder feindselig behandelt, und Sie können wirklich nur durch eine Lüge entkommen. Schließlich war der Betreffende ja nicht der, für den Sie ihn hielten. Stimmt's? Und auf die Gruppe wollten Sie auch niemals zukommen, das war alles ein bedauerlicher Irrtum. Sie entkommen mit einer Entschuldigung und sind frei – bereit, um Ihr Glück nochmals bei jemand anderem zu versuchen (aber bitte auf der anderen Seite des Raumes!) oder auf einen anderen Tag zu verlegen.

Unterbrechen

Viele dieser Möglichkeiten wirken ein wenig grob, aber wer behauptet, dass fortgeschrittene Gesellschafter vornehm und zurückhaltend sein müssen? Hier brauchen Sie nur ein wenig Raffinesse. Obwohl Unterbrechen als grob und taktlos gilt, kann ein guter Gesellschafter zu diesem Mittel greifen.

Das perfekte Vorbild ist in diesem Fall Peter Falk, der Darsteller von Columbo. Nach außen hin vermittelt er den Eindruck eines Vollidioten, ist aber in Wirklichkeit ein brillanter Taktiker, der alle mit seiner tollpatschigen Art aufs Glatteis führt. Sie werden jetzt auf die gleiche Weise wie Columbo auf die Leute zugehen. Auf die Plätze, fertig, los!

Suchen Sie sich Ihre Zielgruppe. Gehen Sie langsam näher, achten aber darauf, dass Sie von niemandem bemerkt werden. Wirken Sie so, als würden Sie sich angestrengt auf etwas am anderen Ende des Raumes konzentrieren und stoßen dabei mit Ihrem Rücken oder seitlich „aus Versehen" an eines der Gruppenmitglieder. Natürlich nicht zu stark; Sie wollen ja keine Verletzungen verursachen oder etwas verschütten. Erschrecken Sie nur gerade so viel, dass es mindestens einer bemerkt und Ihre Anwesenheit wahrnimmt. Normalerweise ist es dann einfach, in die Runde aufgenommen zu werden, nachdem Sie sich zuerst entschuldigt haben. Für den Fall, dass Sie angefeindet werden, „He, hast du keine Augen im Kopf, du Trottel…" müssen Sie allerdings eine gute Entschuldigung bereithalten. Immer gut ist: „Ich wurde gestoßen", obwohl ich mich auch ganz gerne selbst beschuldige: „Es tut mir wirklich Leid; ich weiß gar nicht, was los ist. Irgendwie geht heute alles schief." Auf diese Weise haben Sie immer noch die Chance, dass Ihre Rechnung aufgeht. Ihre Bereitschaft, sich zu Ihrer Schuld zu bekennen, kann immer noch jemanden aus der

Gruppe freundlich stimmen und dazu veranlassen, sich mit Ihnen zu unterhalten.

Das wirklich Schöne an der Unterbrechung ist, dass Sie, wenn es schief läuft und Sie ignoriert oder abgewiesen werden, oder Sie bemerken, dass Sie eine schlechte Wahl getroffen haben und Ihnen die Gruppe doch nicht so zusagt, jederzeit die Möglichkeit haben, wieder zu gehen. Sie können nicht abgelehnt werden, denn es war ein Versehen, dass Sie überhaupt in die Gruppe geraten sind. Sie haben nichts aufgewendet und deshalb auch nichts verloren.

Hinweis: Unterbrechen sollte nur in einem Raum versucht werden, der voller Menschen ist. Bei zu viel Platz machen Sie sich lächerlich oder schlimmer noch, Sie wirken betrunken. Schlimm genug, wenn Sie sich auf einer Feier betrinken, aber absolut unverzeihlich, nur so zu scheinen.

Einmischen
(Nur für Könner!)

Bitte beachten Sie, dass diese Technik wirklich nur für Könner geeignet ist. Selbst ich versuche mich nur sehr selten daran, obwohl es wirklich eine Menge Spaß macht, wenn es gut funktioniert. Sie müssen sich aber schon sehr mutig fühlen.

Nehmen wir an, Sie sind ein seit vielen Jahren erfahrener Gesellschafter. Sie befinden sich auf einer lustigen Feier und nun steht Ihnen der Sinn nach ein wenig Abenteuer. Gerade sind Sie glücklich einer Unterhaltung entkommen, die gerade anfing, langweilig zu werden, und durchforsten den Raum nach neuen Unterhaltungspartnern. Plötzlich, da! Eine lachende, vergnügliche Gruppe, vier oder fünf Personen, dort drüben bei der Bowle. Sie scheinen sich gut zu kennen, eine Herausforderung für Sie. Schnell durchsuchen Sie Ihre Erinnerung nach einem passenden Einstiegsmanöver und entscheiden sich – fürs Einmischen.

Atmen Sie tief durch, wenn Sie bereit sind, gehen auf die Gruppe zu, drängen sich entschieden zwischen zwei Personen und sagen laut und mit großem Eifer: „Servus, alle miteinander. Ich glaube, wir kennen uns noch nicht. Ich heiße …"

Es kommt bei dieser Art Unterbrechung nicht so sehr auf das an, was Sie sagen, sondern wie. Sie müssen vermitteln, dass Sie so von Ihrem Charme überzeugt sind, dass Sie wissen, alle freuen sich, wenn Sie auftauchen, auch wenn Sie mehr oder weniger unaufgefordert in eine Unterhaltung geplatzt sind. Wie Sie sich denken können, ist der Grat zwischen dieser Taktik und grober Unhöflichkeit sehr schmal, also ist es extrem wichtig, Anteilnahme und Interesse zu zeigen, nachdem Sie einmal in die Gruppe aufgenommen worden sind. Sie müssen förmlich strahlen und gleichzeitig eine Weile die Unterhaltung bestreiten. Das wird nach einem solchen Auftritt von Ihnen erwartet.

Das Einstiegsthema steht Ihnen bei dieser Methode offen; Sie können sogar fragen. Es bietet sich zum Beispiel eine der Fragen von Seite 35 ff. an („Entschuldigen Sie, was ist das Ihrer Meinung nach für eine Farbe?") Das kann in dieser Situation etwas schwierig werden, auf der anderen Seite ist eine gut gestellte Frage, die sofort Interesse erweckt, auch ein schneller Einstieg. Am besten ist es, wenn Sie nach Art der Meinungsumfragen vorgehen: „Wann haben Sie von dem Feuer gehört, bei dem die Firma Meier bis auf die Grundmauern niedergebrannt ist?" Ihr Interesse an Informationen ist nicht nur eine gute Entschuldigung, sondern dient auch dazu, die Leute Ihre Einmischung in deren Gespräch vergessen zu lassen.

Die Einmischung ist eine wirkungsvolle, witzige Methode, die absolut erhebend sein kann, wenn sie gut funktioniert. Aber sobald sie fehlschlägt, stecken Sie wirklich in Schwierigkeiten. Einmal unterbrach ich eine Unterhaltung einer Gruppe mit einem forschen „Hallo! Findet ihr es hier drin auch so heiß?" Genauso gut hätte ich auch jemanden erschießen können. Alle sahen mich mit einer Mischung aus Unglauben und Ablehnung an, und ein Mann meinte dann: „Entschuldigen Sie, Frau ... wer auch immer Sie sind, wir unterhalten uns gerade!" Daraufhin schlich ich schuldbewusst von dannen. Aber ich habe mich wieder gefangen. Und das werden Sie auch.

Filmdialoge

Hier geht es nicht darum, wie Sie sich unterhalten können, während Sie in der Schlange vor dem Kartenschalter eines Kinos warten, obwohl das auch nicht uninteressant wäre (siehe Themen auf Abruf, Seite 150). Nein, Filmdialoge beziehen sich auf ein sehr praktisches Manöver, mit dem Sie viele Schwierigkeiten überwinden können. In einigen haarigen Situationen – ganz besonders in bestimmten Kreisen – kann dieser Trick die Eintrittskarte zu gesellschaftlichem Erfolg sein. Wenn Sie ein Gefühl fürs Dramatische haben, werden Sie begeistert sein.

Sobald Sie sich in einer Unterhaltung unwohl fühlen, dumm angeredet werden oder nicht mehr weiter wissen, deklamieren Sie einen der folgenden berühmten Sätze aus Filmen. Ihre Zuhörer werden begeistert sein. Der Sinn ist eigentlich, dass Sie psychische Spannungen abbauen, indem Sie auf einen gemeinsamen kulturellen Hintergrund ausweichen. Meistens reinigt es die Luft und hat zudem den Vorteil, dass es genau die Art Aussage ist, die Ihnen einen Themenwechsel oder das Verlassen der Gruppe gestattet. Zwei Regeln: Alle müssen den Satz kennen und Sie müssen (fast) wörtlich zitieren. Hier einige Beispiele:

Satz:	**Situation:**
„Ich glaube, das ist der Beginn einer wunderbaren Freundschaft." (Casablanca)	Nach einem Kompliment oder als Ausdruck allgemeiner Kameradschaft.
„Genau genommen, meine Liebe, ist es mir egal." (Vom Winde verweht)	Nach Beleidigungen, bei bösartigem Klatsch.
„Jahre später, wenn ihr euch darüber unterhaltet – und das werdet ihr – seid freundlich." (Tea and Sympathy)	Nach einem Fauxpas oder wenn Sie ins Fettnäpfchen getreten sind.
„Sicherheitsgurte anlegen. Heute Abend wird's stürmisch." (All about Eve)	Nach einem Streit.
„Dieses Pferd hat eine andere Farbe." (Der Zauberer von Oz)	Beim Zeit schinden, nachdem Sie etwas gefragt wurden, das Sie nicht beantworten können oder wollen.

„Das, was ich mache, ist um vieles besser, als ich jemals Gutes getan habe." (A tale of two cities)

Wenn Sie eine Gruppe verlassen, nachdem Sie gerufen wurden oder um einen Gefallen gebeten worden sind.

Akzente

Wenn Sie ein bisschen Würze in Ihre Unterhaltungen bringen möchten, können Sie es mit Akzenten versuchen. Sie sind immer dann von Vorteil, wenn Sie sich nicht so genau ausdrücken möchten, sich unwohl fühlen oder Sie wirklich belästigt werden. Aber **Achtung:** Die folgenden Vorschläge enthalten kulturellen Sprengstoff, der Ihre gesellschaftliche Gesundheit gefährden könnte.

1. **Der französische Akzent.** Sprechen Sie mit „französischem Accent", wenn jemand etwas getan, gesagt oder angeboten hat, was übertrieben aufwendig oder teuer ist. Zum Beispiel: „Oh! Sehen Sie sich das an! Die Wüstschen werden auf Silbertabletten serviert." Noch ein hilfreicher Hinweis: Ziehen Sie Ihre Augenbrauen so weit wie möglich nach oben und runzeln die Stirn, wenn Sie den französischen Akzent imitieren. Auf diese Weise unterstützen Sie Ihre Aussprache, denn aus irgendeinem Grund haben viele Franzosen beim Reden diese Angewohnheit.
2. **Der britische Akzent.** Mit einem englischen Akzent können Sie gut ausdrücken, dass Sie jemand für versnobt halten. „Ach wirklich, dahling?" „Oh deah, was für eine Schande." Auch wenn ein unerwünschter Gast Ihre Gruppe verlassen hat, Sie ins Fettnäpfchen getreten sind oder sich nicht so angemessen wie erforderlich verhalten haben, kann Ihnen dieser Akzent über peinliche Momente hinweghelfen. Ein wenig Selbstironie zeigt, dass Sie sich Ihrer Unvollkommenheit bewusst sind. Meistens ist die Situation dann mit einem „Sorryh" bereinigt.
3. **Dialekt.** Hier können Sie, je nachdem aus welcher Gegend Sie selbst sind, einen Akzent wählen, der in anderen Teilen Deutschlands und des deutschsprachigen Raumes gesprochen wird, je nachdem, was gut zu der Unterhaltung passt.

Sie sollten aber immer bedenken, dass dies auch eine Beleidigung der Bevölkerung der jeweiligen Region darstellen kann.

Natürlich gibt es noch viele weitere Akzente (Italienisch, Arabisch, Türkisch …) die Sie je nach Bedarf, Phantasie, Laune und persönlichem Talent imitieren können. Sie sollten mit dem Akzent jedoch sparsam umgehen und nicht mehr als ein oder zwei Sätze darin sprechen. Ausnahme: Sie unterhalten sich zu zweit, und Ihr Partner schlüpft ebenfalls in eine Rolle und macht mit. Aber übertreiben Sie nicht; es wird auf Dauer langweilig.

Warnung: Vergewissern Sie sich, dass niemand aus Ihrer Gruppe selbst stark Mundart spricht oder aus der Gegend ist, deren Dialekt Sie imitieren wollen, bevor Sie einen Akzent nachmachen. Das kann leicht ins Auge gehen.

Trinksprüche

Meistens werden Trinksprüche bei Hochzeiten, Ehrungen und Preisverleihungen ausgebracht. Ein Trinkspruch in einer Tafelrunde ist üblich, aber anders als Sie denken, können Sie überall und zu jeder Zeit, also immer dann, wenn Sie sich in Gesellschaft befinden, auf das Wohl anderer trinken.

Immer ist eigentlich eine leichte Übertreibung, denn Sie brauchen zumindest ein Glas zum Anstoßen. Aber abgesehen davon können Sie praktisch in jedem Gespräch einen Anlass finden. Ein Fauxpas oder Unglück („Auf alle Putzfrauen"), eine Auseinandersetzung („Hoch lebe die Meinungsfreiheit"), eine Beleidigung (Auf die gute Erziehung – warum haben Sie denn keine?") oder auch der Abschied aus einer Gruppe („Auf unser Gespräch. Und nun entschuldigen Sie mich bitte.")

Natürlich können Sie auch in anderen Situationen auf das Wohl trinken, zum Beispiel der Person, die Ihnen das Getränk gebracht hat, nach einer Rede, um das Thema zu wechseln, von sich abzulenken, wenn Sie Dinge gefragt werden, auf die Sie lieber nicht antworten möchten, oder einfach dann, wenn Ihnen die Ihnen entgegengebrachte Aufmerksamkeit zu viel wird. Wählen Sie eine andere Person aus Ihrer Gruppe und trinken

Sie auf deren Wohl oder auf das Thema, dem Sie aus dem Weg gehen möchten. Meistens werden Sie auf eine Gesprächspause warten müssen, bevor Sie einen Trinkspruch anbringen können, aber oft ist es auch so, dass eine Unterhaltung in dem Moment, in dem Sie Ihr Glas erheben, unterbrochen wird und alle anstoßen. Wir sind alle dazu erzogen, unsere momentanen Tätigkeiten in dem Moment zu unterbrechen, in dem ein Glas gehoben wird. Vergessen Sie nie, dass Trinksprüche wirksame gesellschaftliche Instrumente sind und ein wichtiger Teil Ihres Repertoires werden sollten.

Zwei Hinweise: 1. Leeren Sie nie Ihr Glas auf einen Zug nach einem Trinkspruch. Ausnahme: Sie haben nur noch einen Rest im Glas gehabt, oder Sie befinden sich in einem Land (Russland zum Beispiel), wo dies die Regel ist. 2. Wenn Ihr Glas gerade dann, wenn angestoßen wird, leer ist, heben Sie das leere Glas. Tun Sie nicht so, als ob Sie trinken, und fordern Sie die anderen auch nicht auf zu warten, bis Sie Ihr Glas gefüllt haben.

Körpersprache

Gesellschaftlicher Umgang findet nicht nur auf verbaler Ebene statt. Jedes Mal, wenn Sie sich bewegen, sendet auch Ihr Körper Signale aus. Körpersprache ist in allen Lebensbereichen wichtig, aber für zukünftige Experten des gesellschaftlichen Umgangs gibt es drei Besonderheiten, mit denen Sie sich vielleicht näher befassen möchten.

Der Geheimnisvolle

Hier handelt es sich eigentlich um Persönlichkeit. Bisher habe ich in diesem Buch alles besprochen, was Sie sagen können, wann und wie Sie es tun sollten. Aber es gibt Momente im gesellschaftlichen Leben, in denen es besser ist, gar nicht zu sprechen. In diesem Fall müssen Sie den Eindruck erwecken, dass Sie sehr wohl viel Interessantes zu erzählen haben, aber dass Sie an diesem Abend lieber den anderen Leuten zuhören möchten und deren Erfahrungen wissen wollen. Manche Geheimnisvollen geben sich gern nachdenklich, während andere sich lieber mit der Aura des Mysteriösen umgeben. In beiden Fällen müssen Sie sich ungezwungen, aber gerade halten; der Gesichtsausdruck sollte liebenswürdig, aufmerksam und – am wichtigsten – selbstbewusst sein. Vielleicht ist es gerade am Anfang sinnvoll, die „Glückspilz-Überlebensstrategie" (Seite 19) anzuwenden.

Bewegen Sie sich entspannt und halten Sie Ihre Arme und Beine ruhig. Rennen Sie nicht! Die Welt ist eine Muschel; das Leben eine Schale voller Süßigkeiten. Sie werden zufrieden und gelassen den Unterhaltungen lauschen und, wenn Sie angesprochen werden, mit Bedacht antworten. Kurz, mit wenigen Worten. Lächeln Sie geheimnisvoll, wann immer sich eine Gelegenheit bietet (vor dem Spiegel üben!). Wenn Sie sich ruhig zu einer Gruppe gesellen (das einzige Mal, wann es Ihnen gestattet ist, sich in eine Gruppe einzublenden, ohne ein Gespräch zu beginnen), sie wieder verlassen oder alleine für sich sind, denken Sie daran: Ihnen fehlt es nicht an Gesprächsstoff, sondern Sie haben sich entschlossen, momentan lieber zuzuhören. Freiwillig. Ihre Körperhaltung, Ihre Augen, Ihr Mund – Ihr ganzer Ausdruck muss vermitteln: „Ich bin gerne unter Menschen, aber es ist mir vollkommen egal, was sie über mich denken."

Eine geheimnisvolle Kraft geht von Menschen aus, die dann, wenn alle anderen sich so sehr anstrengen, um sich zu unterhalten, stumm sind. Wenn Sie den Geheimnisvollen gut spielen, werden die anderen Leute neugierig, warum Sie nicht sprechen. Ganz überraschend könnten Sie sich – schweigend – im Mittelpunkt der allgemeinen Aufmerksamkeit wieder finden.

Zwei Warnungen: Es ist keine gute Idee, den Geheimnisvollen zu spielen, wenn Sie plötzlich feststellen, dass Sie keine Gesprächsthemen haben. Andere Menschen haben ein feines Gespür für so etwas, es sei denn, Sie sind ein außergewöhnlich guter Schauspieler. Und es gibt genügend andere, einfachere Möglichkeiten, wenn es Sie kalt erwischt. Außerdem müssen Sie darauf achten, wirklich geheimnisvoll und nicht etwa herablassend zu erscheinen. Sie wollen doch nicht in den Ruf kommen, eingebildet zu sein.

Der Gefühlvolle

Unterschätzen Sie nie die Wirkung einer Berührung! Einige leichte Berührungen können einer Unterhaltung ein beruhigendes Gefühl herzlicher Nähe verleihen. Falsch oder zu viel „angefasst" ist jedoch einer der schlimmsten Fehler, die Sie begehen können. (Es sei denn, Sie entkleiden sich öffentlich.)

Befolgen Sie in den Anweisungen für Gefühlvolle immer den Grundsatz: Lieber weniger als zuviel. Wenn nötig, setzen Sie sich ein Limit an Berührungen pro Abend. Und bitte: Behalten Sie Ihre Finger bei sich, wenn Sie getrunken haben.

Setzen Sie Berührungen nur dann ein, wenn Sie mit nur einer anderen Person in ein anregendes Gespräch verwickelt sind. Es muss nicht gerade ein Tête-à-tête sein, es können durchaus noch mehrere Gäste an der Unterhaltung teilhaben – aber Sie und der andere sollten die Hauptgesprächspartner sein. Beobachten Sie das Gesicht Ihres Gegenübers genau, um festzustellen, ob er wirklich an der Unterhaltung Anteil nimmt. Wenn Sie dann gerade sprechen, können Sie sich an einer passenden Stelle (der Pointe eines Witzes, dem Höhepunkt einer Geschichte, der Hauptaussage einer Diskussion) etwas nach vorne beugen und den Arm des anderen leicht berühren. Es sollte kein richtiges Anfassen sein, aber doch mehr als ein Streifen. Und nun – und das ist wichtig – beobachten Sie Ihr Gegenüber genau; insbesondere die Augen. Sie sollten in der Lage sein, zu erkennen, ob die Berührung Ihren Gedankenaustausch unterstützt oder behindert. Solange Sie sich dessen nicht sicher sind, behalten Sie Ihre Finger bei sich.

Andere Arten des gefühlvollen Umgangs miteinander: Ihre Hand kurz auf die Schulter des neben Ihnen Stehenden zu legen; eine kurze Berührung am Rücken (nicht zu weit unten bitte, das ist unangebracht), den Arm ergreifen, während Sie einen Raum durchqueren. Meist gilt: Alle weitergehenden Berührungen sind gesellschaftlich unakzeptabel.

Der gefühlvolle Umgang miteinander kann, wenn mit Feingefühl geschehen, aus einer kurzen Unterhaltung ein vergnügliches, menschliches Erlebnis werden lassen. Aber denken Sie immer daran: Weniger ist mehr. Es gibt nichts Widerlicheres, als von einem hartnäckigen Grapscher befummelt zu werden.

Diener und andere Verbeugungen

Verbeugungen wirken auf drei Arten elegant. Erstens verbeugt sich heutzutage fast niemand mehr, zweitens kann man damit vieles ausdrücken, und drittens hat es Stil. Verbeugungen sind ein exzellentes nonverbales Kommunikationsmittel – elegant, humorvoll und Gewinn bringend – für beide Geschlechter. (Den Knicks hat glücklicherweise der Zahn der Zeit abgenagt.) Versuchen Sie doch einfach einmal eine der folgenden Verbeugungen – nur als Erweiterung Ihres Horizonts.

Art:	Bedeutung:
Freundliche, kleine Verbeugung mit leichtem Knick in der Taille. Bestehender Augenkontakt und ernsthaftes Lächeln.	Begrüßung. Ich freue mich, dass Sie bei uns sind.
Kleine bis mittlere Beugung entweder nur des Kopfes oder des gesamten Oberkörpers in Verbindung mit langsamem Augenschluss und nur der Andeutung eines trockenen Lächelns.	Touché.
Ziemlich tiefe Beugung des Kopfes mit einer oder beiden Händen auf der Brust und einem liebenswürdigen Lächeln bei geschlossenem Mund.	Vielen Dank für das Kompliment, meine Dame/mein Herr (Zunge im Zaum halten!).
Volle, dramatische Verbeugung aus der Taille heraus, eine Hand auf dem Bauch und die andere Hand im Rücken. Der Kopf ist leicht zur Seite gedreht. Ein oder zwei Minuten in der Verbeu-	Ich bin fertig. Vielen Dank für die Aufmerksamkeit.

gung verharren, bevor wieder eine aufrechte Position eingenommen wird.

Beugung des Kopfes, Halses und der Schultern, Hände wie zum Gebet vor der Brust gefaltet. Die Augen beim Beugen kurz schließen.

Ich gestehe Ihnen in dieser Angelegenheit die größere Erfahrung zu.

Tiefe Verbeugung mit dem ganzen Körper. Arme dramatisch zur Seite gestreckt, Augen offen oder geschlossen, 180-Grad-Drehung beim Aufrichten.

Auf Wiedersehen. Es war mir ein Vergnügen.

Hacken zusammenschlagen, in Habacht-Stellung stehen, kurz und schnell im militärischen Stil ganz verbeugen. Kein Lächeln.

Sie sind ein Millitarist. Auf Ihre Bemerkungen gebe ich keine Antwort.

Konversation: Aufhänger und Zubehör

Schmuck, Hüte, Accessoires

Ich glaube nicht, dass es im gesellschaftlichen Umgang irgendeinen Trick gibt, der so gut, zuverlässig und häufig funktioniert wie Ihr ganz persönlicher Hingucker. Puristen verachten diese weit verbreiteten Krücken des gesellschaftlichen Lebens, aber ich denke, solange Sie sich damit wohl fühlen und Veranstaltungen genießen können, sind alle Hilfsmittel gestattet. Früher trug ich ebenfalls ein Aufmerksamkeit erregendes Accessoire zu allen Gesellschaften, zu denen ich eingeladen war.

Egal, ob es sich um eine Feder, eine Brosche oder eine Baseball-Kappe handelt, jedes ungewöhnliche Accessoire ist eine Garantie, dass Sie niemals das Trauma verlegenen Schweigens durchleiden müssen. Unausweichlich dreht sich das erste (oder zweite) Gespräch darum. „ Das sieht aber toll (entsetzlich, farbenfroh, hübsch, ungewöhnlich) aus." Der Hingucker ist nicht nur ein dankbares Thema – wofür alle Gesellschaftsphobiker immer dankbar sind –, sondern gibt Ihnen die Möglichkeit, auf eine Unterhaltung vorbereitet zu sein. Sie spielen im eigenen Lager, da es sich ja immerhin um Ihr Accessoire handelt und Sie sich wahrscheinlich bereits öfter darüber unterhalten haben. Sie haben einen Vorrat an Möglichkeiten angelegt, aus dem Sie nun wählen können (woher Sie das Teil haben, über Accessoires im Allgemeinen, die sozialen Aspekte ...). Sie sind mit dem Gesprächsstoff vertraut.

Am weitaus dankbarsten sind Hüte und Ohrringe. (Als Männer endlich anfingen, auch Ohrringe zu tragen, war ich begeistert und dachte: „Toll, endlich haben sie auch die Möglichkeiten, sich in der Kunst der Unterhaltung zu üben.) Hüte und Ohrringe sind deshalb so beliebt, weil sie am Kopf getragen werden. Unter dem Kopf – bei Krawatten, Halsketten, Broschen und Schals – wagen Sie sich schon auf privates Gelände vor. Alles, was am Körper befestigt ist – den Hals mit eingeschlossen – gehört schon zum Bekleidungsbereich. Und die meisten Leute denken zweimal nach, bevor sie Ihre Kleidung kommentieren.

Ein kurzer Hinweis zum Tragen ungewöhnlichen Make-ups. Aus meiner persönlichen Erfahrung weiß ich, dass ein merkwürdiges oder übertriebenes Make-up – große Schönheitspflaster, falsche Wimpern, Glitzer – durchaus riskant sein kann. Möglicherweise sondert es Sie auf Feiern von einigen Gästen ab, während es Sie für gewisse bizarre Gestalten um so interessanter erscheinen lässt. Das ist natürlich völlig in Ordnung – solange Sie gerade dies im Sinn haben. Ich habe mich früher öfters für Partys von Studentenverbindungen merkwürdig verkleidet, um mich abzuheben. Aber wenn Sie so weit gehen, sich auffällig zu schminken, sollten Sie dabei wissen, dass Sie damit mehr über sich preisgeben als durch ein Gespräch. Und was wollen Sie über sich sagen?

Hier gibt es, nach Unterhaltungswert geordnet, eine Liste der Accessoires, die Ihre gesellschaftlichen Gesprächsambitionen unterstützen. Wählen Sie etwas aus, das besonders hübsch, lustig, modisch, ungewöhnlich, herausfordernd – oder von Ihnen selbst gefertigt ist.

Hut oder Haarband	Tasche oder Mappe
Ohrringe	Ring
Sonnenbrille	Uhr oder Armband
Krawatte	Handschuhe
Halskette	Strümpfe, Socken
Brosche	Schuhe
Schal	Fächer*

Zigaretten als Gesprächsaufhänger: Pro und Contra

Das Leben wird für Raucher zunehmend schwerer. Die Orte, an denen Rauchen gestattet ist, werden seltener, und ich habe wesentlich weniger Vergnügen als früher, meine Zigaretten bei Unterhaltungen einzusetzen. Fast genauso schwer, wie mit dem Rauchen aufzuhören, war für mich, mich von der schönsten, coolsten und auffälligsten Zigarettendose zu trennen, die man je gesehen hatte. Sie war aus dünnem, blau-weißem Art-Deco-Plastik und hatte 14 zylindrische Fächer, von denen jedes eine Zigarette aufnehmen konnte. Es war ein elegantes Stück, durch Federn geschlossen, und wenn es gebogen wurde, klappten die Federn auf und gaben genau eine Zigarette frei. Wann immer ich die Schachtel herausnahm, sammelten sich die Leute um mich, staunten und baten darum, den Mechanismus untersuchen zu dürfen. Es war ein wunderbarer Gesprächsaufhänger. Aber ich wusste nie, was ich für einen Schatz besaß, bis zu einem schicksalsträchtigen Abend in Chicago.

Meine Freundin Cathy und ich hatten beschlossen, eine bestimmte Bar aufzusuchen, von der wir gehört hatten, dass sie „gut" sein solle. Wir kannten uns in dieser Gegend nicht aus, und als wir endlich dort waren, wusste ich auch, warum. Das Taxi war verschwunden, noch bevor wir umkehren konnten. Na ja, sagten wir uns, wie schlimm konnte es denn schon werden? Wir würden nicht kneifen.

---

* Fächer wirken an manchen Orten zu theatralisch. Aber an einem heißen Tag im Süden werden sie immer noch als passend empfunden.

Wir hätten doch abhauen sollen. Ein großer, behaarter Typ mit einem Ring in der Nase ließ uns ein. Ein Grinsen auf seinem Gesicht verkündete: „Diese kleinen Gören wissen gar nicht, worauf sie sich da eingelassen haben." Wir sahen uns nervös um. Das war damals, in den frühen 80er Jahren, als Punkbars noch echt waren – gewalttätige, abschreckende Orte mit Ketten, Messern und Gefahr – nicht wie die heutigen Pseudo-Punk-Clubs. Aber gerade das sollten wir noch erfahren.

Jeder, aber ausnahmslos wirklich jeder unterbrach sein Gespräch, als wir eintraten. (Vielleicht sollte ich noch dazu sagen, dass wir weite Röcke im Stil der fünfziger Jahre und dazu Jacken, die kleine Perlen als Knöpfe hatten, trugen.) Alles, was wir sahen, waren dicke, behaarte Tätowierungen, an denen Arme hingen, und finstere, unrasierte Gesichter, die uns gespannt anstarrten. Wir schluckten und tasteten uns langsam vor, während wir versuchten, uns so zu benehmen, als ob wir uns nicht gerade in entsetzlichen Schwierigkeiten befanden. Der Barkeeper, ein riesiger Mann mit ein paar Sicherheitsnadeln in der Wange, lehnte sich zu uns vor und starrte uns an.

„Äh …hm …", brachte ich heraus, „einen trockenen Martini bitte?" Und Cathy lächelte tapfer: „Ein Miller Lite bitte?"

Schweigen. Niemand rührte sich. Panik fing an, in mir hochzusteigen, und auch Cathy wurde steif. Jeden Moment nun müssten wir aufstehen und flüchten, aber wohin? Ich brauchte eine Zigarette. Und da passierte es. Wie der Barkeeper meine Schachtel sah, knurrte er: „He, lass mal sehen das Ding." Er sah sie an, öffnete sie und … fing dann an zu lächeln.

Im Bruchteil einer Sekunde entspannte sich die Atmosphäre. Unser Barkeeper, Chris, der, wie sich herausstellte, ein ganz netter Typ war, zeigte die Schachtel unter allen Anwesenden herum, und wir wurden sofort angenommen. 100 Prozent. Die Zigarettendose (die ich wundersamerweise sogar wieder zurückbekam) war unsere Eintrittskarte gewesen. Dieses Unterhaltungsaccessoire hatte uns den Abend gerettet; wir unterhielten uns, ehrlich gesagt, überraschend gut.

Ich will jetzt damit nicht zum Ausdruck bringen, dass Ihnen Ihre Zigaretten oder Ihre Zigarettenschachtel wie mir das Leben rettet, aber es besteht kein Zweifel, das ihre Zigaretten und Zubehör (Dosen, Feuerzeuge und Zigarettenspitzen) eine Beschäftigung und auch ein Gesprächsthema liefern. Aber sehen wir uns bei der Nutzung von Zigaretten als Gesprächsaufhänger die Pros und Contras an.

Pro

1. Zigaretten eignen sich hervorragend, um gegen Unruhe und Nervosität anzukämpfen. Sie lassen auch Ihre Glückspilz-Überlebens-Phantasien realistischer erscheinen, wenn Sie zum Beispiel gerade Bette Davis imitieren.
2. Sie werden sofort und unmittelbar eine Allianz mit anderen Rauchern eingehen. Heutzutage, wo Raucher Ausgestoßene sind, betrachten sie einander als Blutsverwandte oder zumindest als Angehörige eines Geheimbundes.
3. Sie können Ihre Raucherutensilien sowie Ihre Zigarettenmarke als Gesprächsthemen nutzen. Ebenfalls bietet sich an, das Thema, wie und wann Sie aufhören wollen, ausführlich zu erläutern.
4. Sie können Witze machen. Sie könnten sich beispielsweise eine der Teleskopspitzen besorgen, die sich meterlang ausfahren lassen; wenn dann jemand die Spitze kommentiert, ziehen Sie sie aus und sagen: „Danke, aber ich versuche von Zigaretten fernzubleiben."
5. Sie können Leute vertreiben. Rauchen kann wunderbar offensiv wirken. Sobald Sie sich belästigt fühlen, schauen Sie nur auf und blasen den Rauch genau auf Ihren Quälgeist.

Contra

1. Sie werden für viele, wenn nicht sogar für alle Partygäste, ein Stein des Anstoßes sein.
2. Sie müssen unter Umständen viel Zeit in die Suche nach einem Aschenbecher investieren.
3. Während Sie rauchen, schränken Sie die Anzahl Ihrer Gesprächspartner drastisch ein. Viele Menschen streiken beim Anblick oder dem Geruch von Zigaretten.
4. Sie könnten sich am Ende mit Leuten wiederfinden, denen Sie eigentlich lieber aus dem Weg gehen möchten; wenn Sie beide Raucher sind, verbindet das zwangsweise. (Ein gemeinsamer Aschenbecher, Streichhölzer, nahe am Fenster stehen müssen ...)
5. Sie werden süchtig. Ich meine nicht süchtig nach Tabak, sondern süchtig, Zigaretten als Mittel zu Unterhaltung zu nutzen. Diese Gefahr besteht immer.

Natürlich sind Sie als starker Raucher mehr oder weniger an Ihre Zigaretten als Kommunikationsmittel gebunden. Ziehen Sie, wenn Sie denn schon rauchen müssen, wenigstens einen Vorteil aus der Situation und halten sich an die Pros. Sind Sie allerdings nicht abhängig, können Sie die Vor- und Nachteile abwägen. Es hat sich bewährt, zuerst herauszufinden, wer noch raucht – denn das werden auf der Feier Ihre Genossen sein. Auch sollten Sie vorher klären, wie Ihre Gastgeber zu Rauchern stehen.

Das Hors-d'oeuvre-Manöver

Wenn Sie meinen, eine Art Gesprächsaufhänger nötig zu haben, aber selbst nichts mitbrachten, könnte es an der Zeit für das Hors-d'oeuvre-Manöver sein. Diese Methode ist eine Spur zu aufdringlich, bietet Ihnen aber zwei Vorteile. Sie haben erstens einen Gesprächsstoff und zweitens können Sie frei herumlaufen.

Vielleicht gehören Sie zu den Menschen, die es immer schwierig finden, von Gruppe zu Gruppe zu kreisen, und am liebsten noch gesellschaftliche „Stützräder" hätten. Holen Sie sich zuerst von Ihren Gastgebern die Erlaubnis, ein Tablett mit Hors-d'oeuvres herumreichen zu dürfen. Versuchen Sie, das leckerste Essen zu wählen, und dann geht's los. Sie brauchen sich über Eröffnungssätze keine Sorgen mehr zu machen. Glauben Sie mir, in dem Moment, in dem die anderen Gäste Sie mit diesen Leckereien kommen sehen, teilt sich die Menge vor Ihnen. Wenn das Essen gut genug ist, können Sie auch einfach stehenbleiben und alle anderen Anwesenden um sich versammeln.

Der Vorteil dieser Methode für den gesellschaftlichen Umgang? Sie ist ein Selbstläufer. Mit einem Tablett unterm Arm dürfen Sie nicht gesellschaftliche Verpflichtungen wahrnehmen, sondern Sie müssen. Es ist in dieser Situation besonders unhöflich, lange bei einer Gruppe stehen zu bleiben

Hindernisse: Das Manöver ist ziemlich leicht zu durchschauen; Sie könnten als Feigling gelten. Auch werden Sie feststellen, dass sich die Unterhaltung, solange Sie sich mit Ihrem Tablett in einer Gruppe befinden, ums Essen dreht. Und ganz wichtig zur Erinnerung: Wenn Sie Essen austeilen, können Sie nicht gleichzeitig auch davon probieren. Es ist einfach unmöglich, von dem Tablett, das Sie herumreichen, auch selbst zu essen. Das kann schwerwiegender sein, als die ganze Sache wert ist.

Am Büffet oder der Bar

Wenn man fragt, was die meisten Gäste gleich nach ihrer Ankunft auf einer Feier machen, ist die Antwort immer die gleiche: Sie holen sich etwas zu essen oder zu trinken. Das mache ich genauso. Es ist das Normalste. Aber Sie sollten auch wissen, dass die Bar und das Büffet nicht nur zum Stillen Ihrer kulinarischen Bedürfnisse aufgebaut wurden, sondern eine Funktion als vollwertiger Treffpunkt wahrnehmen müssen. Mit allen Chancen und Fallen.

Ich hatte das Pech, auf einer Weihnachtsfeier in eine solche Falle zu stürzen. Der Tisch war mit den verschiedensten Köstlichkeiten beladen, und mein Unglück ereilte mich in Form eines geräucherten Lachses, der den Abschluss der Tafel bildete. Geräucherter Lachs ist eine meiner Leidenschaften, und ich schäme mich, zugeben zu müssen, dass ich ziemlich habgierig werde. Ich unterhielt mich ein wenig, hing aber mehr oder weniger am Lachs, bis ich eine Unruhe in mir verspürte, die ich aber nicht genau interpretieren konnte. Ich dachte bei meinem zehnten Stück Lachs darüber nach. Dann traf mich die Erkenntnis. Ich hatte das Büffet nicht dazu genutzt, mich zu unterhalten, sondern mich unterhalten, um mich über den Lachs herzumachen.

Vergessen Sie nie, dass Sie eine gesellschaftliche Aufgabe zu erfüllen haben. Essen und Trinken sollten an zweiter Stelle stehen und können als Hilfe und Unterstützung dienen. Behalten Sie ein paar einfache Regeln im Auge, wenn Sie sich gesellschaftlich im Büffet- oder Barbereich aufhalten:

1. **Schlagen Sie Ihre Zelte nicht neben dem Essen auf.** Es besteht nicht nur die Gefahr, dass Sie betrunken werden oder Ihnen schlecht wird (möglicherweise sogar beides), sondern es ist auch einfach rücksichtslos, das ganze Essen zu vernichten. (Auch andere Gäste möchten ans Büffet oder die Bar, werden aber daran gehindert, wenn Sie den Platz belegen.) Dies trifft besonders auf die Bar zu. Mir sind viele Leute bekannt, die ihre Gesellschaftsphobie dadurch verstecken, dass sie an der Bar stehen und ein Getränk nach dem anderen bestellen. Bald haben sie schon genügend Selbstvertrauen, um sich unterhalten zu wollen, aber wer will sich dann noch mit ihnen befassen? Wenn Sie sich betrinken wollen, dann tun Sie's um Himmels willen. Aber nicht deswegen, weil Sie Angst haben, sich nüchtern zu unterhalten.
2. **Bieten Sie anderen Gästen an, ihnen mit dem Essen behilflich zu sein; etwas zu holen, auszuwählen oder zu schneiden.** Wenn Sie nebeneinander stehen, bietet sich eine hervorragende Gelegenheit, Ihrem Nachbarn behilflich zu sein. Zum Beispiel könnten Sie sein Getränk halten, während er sich den Käse abschneidet. Sie werden einem anderen Menschen sympathisch, zeigen, dass Sie selbst liebenswert sind und im Nachhinein muss man sich schon allein aus Höflichkeit ein wenig mit Ihnen unterhalten.
3. **Reden Sie über das Essen und die Dekoration.** Das Essen auf Festen ist immer ein dankbares Gesprächsthema. Unter-

halten Sie sich über ausgefallene Speisen, über die Zusammensetzung der Dips oder empfehlen Sie etwas. Aber übertreiben Sie nicht! Mit der Zeit sollten Sie vom Essen weg- und zu anderen Themen kommen.

4. **Vermeiden Sie es, Kritik am Essen zu üben; es sei denn, Ihr Gesprächspartner fängt damit an.** Sie wissen nie, wer gekocht hat. Selbst wenn Sie sich ganz sicher sind, dass niemand auf der Feier Essen mitgebracht oder gekocht hat, könnten Sie immer noch unbeabsichtigt jemanden beleidigen. Das Essen kann zu Hause genau auf die gleiche Weise zubereitet werden, oder die Speise wurde in der gleichen Form bereits auf einer anderen Feier gegessen.

5. **Bemühen Sie sich, mit Essen oder Getränken in der Hand nicht zu deuten.** Es sieht unschön aus, und Missgeschicke sind nicht ausgeschlossen.

6. **Belegen Sie nicht den Barkeeper mit Beschlag.** Sie können sich schon mit allen, den Barkeeper eingeschlossen, unterhalten, aber denken Sie daran, dass er eine Aufgabe zu erfüllen hat. Die Gastgeber sowie die durstigen Gäste finden es vielleicht nicht so toll, wenn Sie ihn von seiner Arbeit abhalten.

7. **Nutzen Sie die Zeit, die Sie nach Essen oder Getränken anstehen müssen.** Es ist der einzige Ort, an dem nicht auffällt, wenn Sie sich nicht unterhalten. Wenn Sie Glück haben, können Sie sich das Warten durch ein Gespräch verkürzen, aber falls nicht, können Sie sich umsehen und einen Plan zurechtlegen, wie Sie am besten gesellschaftlich tätig werden.

Denken Sie immer daran: Das Essen ist nicht nur zum Leben notwendig, es soll auch Hilfe zur Unterhaltung geben.

Ihre Aufgaben als Gastgeber

Wir kennen alle hervorragende Gastgeber; jene Menschen, deren Partys man nur ungerne verpasst und bei denen sich keiner verabschieden mag. Warum sind sie so gut? Ganz einfach. Sie machen mehr, als nur Leute einzuladen und Essen und Trinken anzubieten. Sie sorgen dafür, dass sich ihre Gäste auf der Feier vergnügen. Die beste Geschichte, die ich jemals hörte, handelte von einer Abendveranstaltung, in deren Verlauf einer der Gäste, der bereits ein wenig zu viel getrunken hatte, versehentlich ein Glas mit Rotwein über den Tisch goss.

Die Tafel war mit feinem weißen Leinen eingedeckt, und was die ganze Sache noch verschlimmerte war, dass auch der Arbeitgeber der Gastgeberin und des angetrunkenen Gastes auf der Feier anwesend war. Einen Moment herrschte entsetztes Schweigen. Dann machte die Gastgeberin in Sekundenschnelle eine ausholende Bewegung mit ihrer Hand und stieß dabei ihr eigenes Weinglas um. „Wie ungeschickt stellen wir uns doch heute alle an", lachte sie und rettete dem sprachlosen, angeheiterten Gast damit den Abend.

Nicht viele Gastgeber werden zu solch drastischen Schritten greifen, um es ihren Gästen so angenehm wie möglich zu machen. Aber jeder Gastgeber, der etwas auf sich hält, sollte dafür sorgen, dass die Gäste sich gut unterhalten und niemand alleine in einer Ecke steht. Der Gastgeber ist, um es klar auszudrücken, der gesellschaftliche Vorstand des Abends. Im Prinzip ist das, was der Gastgeber zu tun hat, identisch mit dem „menschlichen Opfer", mit dem Unterschied, dass er aus altruistischeren Zielen heraus handelt. Er spricht mit jemandem für einige Minuten und stellt ihn dann gleich noch einem anderen Gast vor. Ein guter Gastgeber geht aber noch weiter und gibt den beiden Parteien gleich noch den Anfang für ein gemeinsames Gespräch in die Hand. Dann ist er schon wieder weg, auf der Suche nach neuen Leuten, die sich, wie er gesehen hatte, nicht unterhalten. Alle „Alleinstehenden", egal, ob es sich nun um ein Mauerblümchen oder die Unverschämten handelt, vor denen jeder nur die Flucht ergreift; alle müssen von einem verantwortungsbewussten Gastgeber „unter die Haube" gebracht werden. Darunter fallen auch Betrunkene und Langweiler. (Der Gastgeber, der es wirklich drauf hat, wird diese beiden letzten Gruppen miteinander bekannt machen.)

Natürlich ist auch nichts dagegen einzuwenden, wenn der Gastgeber nebenbei auch noch seine ganz private Unterhaltung hat, denn das hindert ihn nicht daran, sich um seine Gäste zu bemühen. Jedoch sollten die Unterhaltungen mit dem Gastgeber kürzer sein als die der Gruppenmitglieder untereinander, und er muss dafür sorgen, dass er einige Zeit – und sei sie auch noch so kurz – mit jedem Gast, der seine Wohnung betritt, spricht. (Auch wenn plötzlich der Cousin einer Freundin dabei ist, der aber gar nicht eingeladen war.) Natürlich ist es von Vorteil, dass der Gastgeber einfach so verschwinden kann; allein sein Status gestattet es ihm jederzeit, sich zu entschuldigen, denn alle Gäste kennen seine Aufgaben. Trotzdem sollte er sich im Angesicht seiner schweren Arbeit freuen – dem Zusammenführen von Freunden und Kollegen. (Ein hilfreicher Vorschlag für den Gastgeber: Wenn genügend Platz vorhanden ist, stellen Sie Ihre Bar an einem Ende des Raumes auf und das Büffet am anderen. Auf diese Weise halten Sie Ihre Gäste in Bewegung.)

Natürlich versteht sich von selbst, dass kein Gastgeber auf seiner eigenen Feier zu viel trinken sollte. Außer den vielen offensichtlichen Gründen hierfür trägt der Gastgeber eine große Verantwortung seinen Gästen gegenüber. Hierfür brauchen Sie all Ihre Sinne.

6. Drastische Maßnahmen
Verhalten in außergewöhnlichen Situationen

Leben und Lügen

Sie haben fünfzig originelle Eröffnungssätze auswendig gelernt und haben genau die richtigen Hingucker; ja, Sie beherrschen sogar den Schmetterlings-Flirt. Sie sind ein erfahrener Gesellschafter, oder nicht?

Nicht unbedingt! Die Prüfung, ob Sie den Umgang mit anderen Menschen beherrschen, legen Sie nicht unter den normalen Umständen ab, sondern dann, wenn es wirklich brenzlig wird. Um sich in unerwarteten oder ganz außergewöhnlichen Situationen angemessen zu verhalten, brauchen Sie Konzentration, Fantasie und Flexibilität. Das Wichtigste ist jedoch die Fähigkeit, ohne zu zögern und absolut sicher zu lügen, dass sich die Balken biegen.

Ich kann gar nicht genug betonen, wie wichtig Notlügen im Umgang mit anderen Menschen sind, besonders dann, wenn Sie unmittelbar mit einer drohenden Katastrophe verschiedenen Ursprungs konfrontiert werden. Es kann eine Überlebensfrage sein. Der Grundstein der Kunst des gesellschaftlichen Umgangs ist die Fähig- und Willigkeit, zu schwindeln, die Grundlage, auf der alle in diesem Buch besprochenen Techniken aufbauen.

Bitte verstehen Sie mich nicht falsch! Meistens bin ich ein wahrheitsliebender, ehrlicher und direkter Mensch. Aber der unbeschwerte Umgang mit anderen Menschen ist von Hause aus ein Spiel, in dem es Ihr erstes Ziel ist, einen angenehmen Abend zu verbringen und nicht, die Wahrheit zu erzählen. Wenn Sie ein Spiel gewinnen möchten, müssen Sie mitmachen. Denken Sie daran, dass die Lügen, die Sie erzählen, kleine, unwichtige, gesellschaftliche Unwahrheiten sind, zum Beispiel: „Ich muss telefonieren." Der Grund einer Notlüge ist fast immer, jemand anderen nicht zu verletzen oder eine unangenehme Situation zu glätten. Nicht, damit Sie sich gut unterhalten, sondern auch um der anderen Gäste willen. Mit anderen Worten: Wenn Sie im gesellschaftlichen Umgang mogeln, fällt das unter „erlaubte Lügen", ein wichtiger Teil unserer Zivilisation. Vielleicht werden wir eines Tages so weit sein, uns die Wahrheit ins Gesicht zu sagen, ohne dabei zu verletzen, aber momentan ist Lügen meist freundlicher als die nackte Wahrheit.

Ich will damit aber auch nicht behaupten, dass Gesellschafter nur aus altruistischen Motiven heraus lügen. Mit Sicherheit tun sie das nicht. Es geht hier immerhin ums Überleben. Sie befinden sich auf einem gesellschaftlichen Schlachtfeld, unbezwingbaren Widerständen ausgesetzt, gegen heftige Opposition ankämpfend und kurz vor dem Untergang. Sie wissen auf Gesellschaften nie, mit welchen Situationen Sie sich als nächstes auseinander setzen müssen. Und je nachdem ob Ihre Lösung mit oder ohne Notlüge auskommt, ist es wichtig, sich von Anfang an darüber klar zu sein, dass die Devise lautet: lügen oder sterben.

Peinliche Momente

Uns allen sind in Gesellschaften schon peinliche Dinge passiert. Auch ich bin schon voll ins Fettnäpfchen getreten. Und trotzdem – jedes Mal wieder, immer, wenn wir nach einem Fauxpas wünschten, der Boden würde sich zu unseren Füßen öffnen und uns gnädig verschlucken, denken wir, dass wir die

Einzigen sind, die sich so dumm und ungeschickt benommen haben. Wie oft waren Sie schon in den folgenden Situationen und haben:

- einen Bekannten mit dem falschen Namen angesprochen?
- jemanden bekleckert?
- über jemanden geklatscht, der alles genau mitgehört hat?
- jemanden angestoßen oder ihm auf andere Weise körperlich Schmerzen zugefügt?
- ein Thema angesprochen, das eigentlich ein Geheimnis war?
- sich über die Feier vergangene Nacht mit Leuten unterhalten, die nicht eingeladen waren?
- öffentlich den Ehepartner einer Person für deren Sohn oder Tochter gehalten?

Ob Sie nun jemandem mit ihrem Pfennigabsatz auf die Füße getreten sind oder gefragt haben, wo sich der (bereits verstorbene) Ehemann von Frau X aufhält, versuchen Sie dabei immer, an zwei Dinge zu denken: Jeder macht Fehler, auch die Person, die Sie gerade getroffen haben, und es gibt immer eine Möglichkeit, den entstandenen Schaden (wenigstens teilweise) wieder gutzumachen. Sie können aus jeder Situation das Beste machen. Das Wichtigste ist, nicht unter der Macht Ihres gesellschaftlichen Fehlverhaltens zusammenzubrechen, sondern damit zu leben und daraus zu lernen. Blamagen stärken das Selbstbewusstsein; wenn Sie nicht davonrennen, werden Sie dadurch ein wesentlich besserer Unterhalter.

Falsch angezogen

Wenn Sie schon einmal in einem Faltenrock und Wollpulli auf einem Fest aufgetaucht sind, wo alle anderen Gäste Smoking und Abendkleid trugen, wie es mir einmal passiert ist, dann kennen Sie dieses eigenartige Gefühl des blanken Entsetzens, das Sie in dem Moment überfällt, in dem Sie bemerken, dass Sie völlig falsch gekleidet sind. Ich rede hier nicht von einem Rollkragenpullover gegenüber einer Krawatte, sondern davon, dass Sie merken, wirklich falsch, und ich meine *wirklich* falsch, gekleidet zu sein.

In dieser Situation haben Sie verschiedene Möglichkeiten. **Bitte beachten Sie:** Natürlich gehe ich hier davon aus, dass es Sie stört, falsch gekleidet zu sein. Wenn Sie natürlich über genügend Selbstbewusstsein verfügen oder so reif sind, dass es Ihnen nichts ausmacht, werden Sie Ihre Kleidung nicht als Fauxpas empfinden und die folgenden Hinweise ignorieren.

Natürlich können Sie gehen. Drehen Sie sich sofort um und verlassen Sie die Feier! Leihen Sie sich einen Film und verbringen Sie den Abend vor dem Fernseher. Sie können sich sagen, dass es Schicksal war und Sie sich wahrscheinlich sowieso den ganzen Abend lang nicht gut unterhalten hätten. Aber dieses Verhalten kann ich ganz entschieden nicht gutheißen. Man nennt es auch „aufgeben".

Ihre zweite Möglichkeit ist, sofort nach Hause zu fahren und sich umzuziehen. Wenn Sie denken, dass es machbar ist, versuchen Sie es. Aber dann müssen Sie gehen, bevor Sie von anderen Gästen gesehen werden oder bevor Ihre Vorher-Nachher-Verwandlung vielleicht noch peinlicher ist, als einfach nur falsch angezogen zu sein. Auch die praktische Durchführung – nach Hause fahren, umziehen, wieder zurückfahren, noch bevor die Feier vorbei ist – kann zu viel sein. Unter Umständen ist das alles den ganzen Stress nicht wert. Sie bekommen nur schlechte Laune davon.

Aber Sie können drittens auch einfach bleiben und so tun, als ob Ihre Garderobe völlig in Ordnung sei. Leute mit Stil oder einem großen schauspielerischen Talent können damit durchkommen. In Ihrer Phantasie müssen Sie sich vorstellen, Sie wären völlig angemessen gekleidet, und dann begeben Sie sich einfach unter die Leute. Aber vergessen Sie nicht, was in dem Märchen „Des Kaisers neue Kleider" passierte. Es braucht nur jemand zu bemerken, dass Abendkleidung angesagt war, und schon platzt Ihre Illusion.

Mit Humor, dem universellen Mittel gegen Fehltritte im gesellschaftlichen Leben, kommen Sie in dieser Situation ebenfalls weiter. Alle Anwesenden tragen Abendgarderobe, nur Sie sind ganz normal angezogen. Mit ironischem Staunen können Sie nun feststellen: „Schau mal, wie viele Gäste hier unpassend gekleidet sind – stell dir mal vor, ein Smoking auf dieser Feier!" Aber Humor muss immer lustig wirken; lassen Sie es lieber, wenn Sie sich nicht sicher sind, dass es funktioniert.

Ihre letzte Alternative, und die würde ich Ihnen empfehlen, ist folgende: *Erzählen Sie eine Geschichte, warum Sie die falsche Garderobe tragen.* Auf diese Weise haben Sie die Trümpfe in der Hand und entgehen jeder Kritik. Stellen Sie sich vor, Sie kommen in einem grauen Anzug auf das Fest Ihrer Freundin Sally und sehen, dass alle anderen Anwesenden dunkle Anzüge und Cocktailgarderobe tragen. Sie erinnern sich, auf der Einladung schon etwas von Gesellschaftskleidung gelesen zu haben, aber Ihr Tag war dermaßen stressig, dass Sie es glatt vergessen haben. Keine Panik! Sie wissen, dass Sie sich, bevor Sie sich ins gesellschaftliche Leben stürzen und eine Unterhaltung beginnen, zuerst eine Geschichte überlegen müssen. Bis Sie das getan haben, behalten Sie einfach Ihren Mantel an.

Dann gehen Sie selbstsicher auf die anderen zu. Nach Ihrem Eröffnungssatz können Sie zum Beispiel lachend erzählen: „Sally hat's mal wieder geschafft. Sie teilt mir nie mit, was für Kleidung erwartet wird, und ich muss selbst entscheiden. Wir haben mit diesem Spiel vor zwei Jahren angefangen, als ich vergessen habe, ihr zu sagen, dass sie im Abendkleid kommen soll." Hieraus ergibt sich dann eine Unterhaltung über Humor im täglichen Leben und woher Sie beide die Gastgeberin kennen. Dann ist Ihnen gelungen, einen Fauxpas zu einem guten Gesprächsthema zu machen.

Zugegebenermaßen, es ist schon eine ziemlich freche Lüge, denn Sie müssen eine Unwahrheit über die Gastgeberin erfinden. (Und meist ist es nicht gut, andere Leute mit einzubeziehen.) Aber wenn Sally wirklich Ihre Freundin ist, wird ihr die kleine Schwindelei, so sie überhaupt davon erfährt, nichts ausmachen. Eine weniger phantasievolle Geschichte wäre, dass Sie gerade von einer Geschäftsreise zurückgekommen sind und keine Zeit hatten, sich umzuziehen. Oder Sie haben sich aus Ihrer Wohnung ausgesperrt; in der Reinigung hat es gebrannt und leider wurde auch Ihre ganze Garderobe vernichtet; eine eifersüchtige Ex-Freundin hat Ihre ganze Post gestohlen und Sie haben deshalb keine offizielle Einladung bekommen. Was auch immer Sie erzählen, machen Sie es interessant. Sie sollen nicht nur Ihren Fehler souverän überspielen, sondern ihn auch noch zu Ihrem Vorteil nutzen, ein gutes Gesprächsthema daraus machen.

Wie Sie sich vorstellen können, ist es noch viel einfacher, eine gute Geschichte zu erfinden, wenn man zu vornehm gekleidet ist. Alle sind in Jeans und Sie tragen ein extravagantes Abendkleid. Dann lassen Sie verlauten, dass Sie noch auf eine andere Veranstaltung gehen müssen (oder gerade von einer solchen kommen).

Ein letztes Wort: Überlegen Sie sich auch, ob Sie nicht bei der Wahrheit bleiben wollen. Aber nur dann, wenn sie mindestens ebenso interessant ist wie eine erfundene Geschichte. Wenn Ihr Fehler nur auf einer dummen Nachlässigkeit beruht, strengen Sie lieber Ihre Phantasie an.

Vorstellungen: ein immer währender Alptraum

Das Problem, das viele Menschen mit den Vorstellungen haben, ergibt sich nie aus einer ungewöhnlichen Situation. Meist sind sie sich nicht sicher, wer wem und mit welchem Namen vorgestellt wird. Soll jetzt einleitend gleich auch die eigene Beziehung zu den verschiedenen Parteien genannt werden (... das ist meine Freundin ...)? Und muss überhaupt vorgestellt werden? Aber das sind alles noch Kleinigkeiten im Vergleich zu dem Alptraum, in dem Sie sich befinden, wenn Sie die Namen der vorzustellenden Parteien vergessen haben. Es ist eine Sache, wenn Sie den Namen von jemandem, den Sie erst ein oder zwei Mal getroffen haben, vergessen. Aber leider ist oft jemand betroffen, dessen Namen Sie nun wirklich schon kennen sollten und der zu Recht beleidigt ist, wenn dem nicht so ist. Mit anderen Worten – Sie bewegen sich nahe am Abgrund.

Ein solcher Fall ist entsetzlich, und ich habe schon viele Menschen bei dem Versuch, damit umzugehen, beobachtet. Alle Varianten, von der übertriebenen Entschuldigung („Oh Gott, ich habe doch wirklich Ihren Namen vergessen!! Das ist mir aber unendlich peinlich.") bis hin zum Schulterzucken und einfach weglaufen, kommen vor. Aber es gibt gute Lösungen für diese Art von geistigem Versagen. Versuchen Sie Folgendes, wenn Sie das nächste Mal während der Vorstellung diese Art der geistigen Leere überfällt:

1. **Zwingen Sie die Leute dazu, sich selbst vorzustellen.** Das ist der effektivste Weg, Ihre Erinnerungslücken zu verdecken. Wenn Sie es richtig anstellen, wird niemand auf den Gedanken kommen, dass Sie die Namen vergessen haben. Sie haben den Namen eines Gastes vergessen. Nun wenden Sie sich diesem Gast als erstes zu, lächeln und drehen sich zu der Person, die Sie vorstellen möchten. „Das ist Monika Meyer." Und schauen wieder zurück. Die Person, deren Namen Sie vergessen haben, wird automatisch (reflexbedingt) auch lächeln und sich, meistens mit ausgestreckter Hand, vorstellen: „Ich freue mich. Mein Name ist Sylvia Strauß." Sollten Sie das Pech haben, einander zwei Personen vorstellen zu müssen, an deren *beider* Namen Sie sich nicht mehr erinnern können, wird es schwieriger. Sie können aber immer noch entkommen, indem Sie einfach fragen: „Sie kennen sich schon?" Wenn Sie dann zuversichtlich lächelnd daneben stehen, werden sich die zwei schon einander bekannt machen. (Auch wenn Ihnen die Zeit, die bis dahin vergeht, wie eine Ewigkeit vorkommt.) Schlimmstenfalls erwecken Sie den Eindruck, dass Sie nicht so gut vorstellen können, aber zumindest weiß keiner von Ihrem anderen Problem.
2. **Gestehen Sie und beginnen ein Gespräch darüber.** Dies ist ein anderes Beispiel, wie Sie einen Fauxpas zu Ihrem Vorteil verwandeln können. Sie gestehen, dass Sie die Namen vergessen haben, und entschuldigen sich. Nachdem die Vorstellungen dann stattgefunden haben, nutzen Sie Ihr Missgeschick, um sich darüber zu unterhalten, warum manche Menschen sich so schwer Namen merken können. (Liegt es an den verschieden ausgeprägten Gehirnhälften, am Geschlecht ...) Indem Sie Ihre eigene Schwäche als Gesprächsstoff nutzen, zeigen Sie, dass Sie sich Ihrer Unzulänglichkeiten bewusst sind und deshalb kein schlechtes Gewissen haben. Da Menschen das, was Sie ausstrahlen, meistens glauben, wird Ihnen niemand grollen.
3. **Fragen Sie nach der Aussprache des Namens.** Dies ist jedoch riskant, denn wenn die Antwort „Hans" lautet, sind Sie aufgeschmissen.
4. **Stellen Sie sich mit anderen Merkmalen als dem Namen vor.** Titel und Namen werden in unserer Gesellschaft so-

wieso überbewertet. Warum sagen Sie nicht stattdessen: „Beate, ich möchte dir jemanden nach deinem Geschmack vorstellen." Dann präsentieren Sie einfach Ihre Begleitung, die dann wahrscheinlich ihren Namen nennen wird. Wenn Sie sich unwohl fühlen, können Sie Ihre Verlegenheit auch hinter einem Kompliment verstecken. „Ich möchte dir die interessanteste Frau auf dieser Feier vorstellen." Oder: „Sie beide sollten sich mit Ihrer interessanten Vergangenheit wirklich kennen lernen." Wenn Sie dick auftragen, vernebelt es den Blick für anderes, und niemand bemerkt Ihren Lapsus. Und falls doch, interessiert es niemanden mehr.

Geschichten für die gute Laune

Schwierigkeiten bei der Vorstellung sind eine Sache, aber was ist bei einem wirklich schlimmen Ausrutscher? Wie werden Sie mit dieser entsetzlichen Beschämung fertig, die Sie gleich nach einem beherzten Tritt in sämtliche Fettnäpfchen überfällt, wenn jedes Gespräch erstorben ist und alle Augen sich nur noch auf Sie richten? Nach einer derartigen Katastrophe ist es nicht einfach, wieder den Anschluss zu finden und zu einer normalen Unterhaltung zurückzukehren. Sie müssen mit der Situation irgendwie fertig werden und die Peinlichkeit beheben.

Behalten Sie dabei in Erinnerung, dass jeder Mensch in seinem Leben bereits Fehler gemacht und sich gesellschaftlich bloßgestellt hat. Ohne Fehler zu machen, können Sie auch nicht vollkommen sein. Wenigstens gelegentlich Risiken einzugehen lässt Sie in Ihren gesellschaftlichen Fähigkeiten wachsen – ich würde sogar soweit gehen, es als notwendig für eine gesunde Entwicklung zu bezeichnen. Nachdem jeder weiß, wie peinlich ein solcher Fauxpas ist, ist allen Gästen daran gelegen, dass sich der Verursacher so schnell wie möglich wieder integriert. Ihnen ist die Situation genauso peinlich wie dem Verursacher. Aus diesem Grund, glaube ich, ist eine Geschichte ein wirkungsvolles Mittel um einen gesellschaftlichen Fehltritt abzumildern.

Als Erstes brauchen Sie natürlich eine gute Geschichte. Der Hintergedanke ist der, den Zeugen Ihrer öffentlichen Blamage von einer anderen Gelegenheit zu erzählen, bei der sich jemand womöglich noch schlimmer bloßgestellt hat als Sie gerade eben. Im besten Fall ist es eine wahre Begebenheit, die Ihnen oder in Ihrem Bekanntenkreis passiert ist, denn Sie müssen nun, um das Vertrauen in Sie wieder herzustellen, so glaubhaft wie möglich erscheinen. Gut erzählt wird Ihre Anekdote die peinliche Atmosphäre bereinigen.

Ich gebe zu, dass leider auch ich des Öfteren in ein Fettnäpfchen trete, besonders dann, wenn ich gerade neue Methoden des gesellschaftlichen Umgangs teste. Für diese Fälle lege ich mir immer eine interessante und witzige wahre Begebenheit zurecht, die Balsam auf den von mir geschlagenen Wunden ist. Normalerweise ist das Erste, was ich in der plötzlich einsetzenden Stille oder dem nervösen Gelächter mache, zu sagen: „Ich kann nicht glauben, dass mir das jetzt wirklich so rausgerutscht ist. Ich finde aber auch jedes Fettnäpfchen meilenweit und nehme ein Vollbad darin! Habe ich Ihnen schon erzählt, was damals passiert ist, als ich …" Und dann erzähle ich meine Erlebnisse mit Erica Jong.

Vor Jahren, als ich gerade auf Arbeitsuche war, hatte mir jemand ein Vorstellungsgespräch bei Erica Jong verschafft. Sie suchte eine persönliche Assistentin. Damals beeindruckte es mich noch sehr, eine berühmte Autorin kennen zu lernen, und ich war entsprechend aufgeregt. Es diente nicht gerade meiner Beruhigung, dass ich mir auch noch den Fuß gebrochen hatte und nur auf Krücken leidlich mobil war. Zu allem Unglück regnete es am Abend des Vorstellungsgesprächs auch noch, und ich fand kein Taxi. Als ich endlich bei Frau Jongs Haus am anderen Ende der Stadt ankam – mit tropfnassen Haaren und dreckbespritzten Krücken –, hatte ich fast eine Stunde Verspätung und war zudem völlig fertig. Was für ein Anfang! Aber ich atmete tief durch und läutete.

Die Haushälterin öffnete mir, und dann kam mir auch schon die berühmte Erica Jong entgegen. Sie reichte mir die Hand.

„Hallo, ich bin Erica Jong", stellte sie sich freundlich vor.

Ich schaute sie geradeheraus an, lächelte ebenfalls und erwiderte: „Ich freue mich. Ich heiße Erica Jong." (!)

In meiner Nervosität und so fertig wie ich war, hatte ich ihren Namen benutzt, um mich vorzustellen. Einen Moment lang herrschte die lauteste Stille, die man sich nur denken kann.

Wir alle waren völlig irritiert – bis Frau Jong dann die Situation mit der Grazie einer erfahrenen Gesellschafterin rettete.

„Sie müssen Jeanne Martinet sein", erinnerte sie mich freundlich.

„Ja, ... äh ... schon", antwortete ich dümmlich.

Ich glaube nicht, dass es im Leben viele Situationen gibt, die so peinlich, wie die gerade beschriebene, sind, aber der Vorfall hatte auch seine guten Seiten. Mit dieser Begebenheit rette ich mich aus so manchen anderen peinlichen Situationen, denn nachdem ich sie erzählt habe, treten meine gerade erst begangenen Sünden in den Hintergrund.

Wenn Sie einen beschämenden Ausrutscher durch eine Anekdote überspielen wollen, denken Sie daran, dass es immer besser ist, wenn Sie in der Geschichte die Hauptrolle spielen. Es ist niemals genauso wirkungsvoll, wenn ein anderer der Missetäter war. Unter Umständen klingt es so, als wollten Sie zwei Übel miteinander vergleichen und sich auf diese Weise herausreden. (Möglicherweise funktioniert es, dann muss aber die Geschichte außergewöhnlich sein.) Natürlich können Sie eine Begebenheit auch dann erzählen, wenn jemand anders im Fettnapf gebadet hat und Sie ihm heraushelfen wollen. („Machen Sie sich jetzt bloß keine Gedanken! Ich erinnere mich gerade an ...") Dies ist der absolute gesellschaftliche Durchbruch. Wenn Sie einem Mitmenschen gegenüber großzügig waren, haben bei ihm oder ihr zumindest bis zum Ende der Veranstaltung einen Stein im Brett. Sie führen die Unterhaltung und haben einen Grund, eine Ihrer Lieblingsbegebenheiten zu erzählen!

Bemerkung: Anekdoten sind nicht in allen Situationen angebracht. Wenn Sie gerade die Bluse eines Gastes mit Kaffee bekleckert haben, wird niemand warten, bis Sie Ihre Geschichte erzählt haben.

Erste Hilfe

Wenn Ihnen keine gute Geschichte einfällt, die Sie erzählen könnten, oder die Situation es nicht zulässt, helfen Ihnen vielleicht die folgenden Aussprüche weiter, um Ihr inneres Gleichgewicht wieder zu finden. Schnelle Hilfe ist auch bei den Menschen nötig, die nach einem Fauxpas vor Entsetzen so gelähmt sind, dass ihnen keine weiteren Worte mehr über die Lippen kommen.

„War nur ein Versuch."
„Entschuldigung, das habe ich wo gelesen."
„Habe ich das wirklich gesagt?"
„Ich muss mich nochmals erinnern, was war."
„Ok, ich brauche ein paar Stunden in Benimm."
„Ich habe heute Abend meinen Autopiloten eingeschaltet und bin, glaube ich, gerade abgestürzt."
„Entschuldigung, ich glaube, das war gerade nicht ich."
„Hm, gibt es hier eine Zeitmaschine?"
„Es tut mir Leid, aber mir geht es gerade gar nicht gut."
„Es tut mir Leid, aber ich glaube, Ihre Schönheit hat mir den Verstand geraubt."
„Arrgh, jemand dort oben hat was gegen mich."
„Ich wollte schon immer wissen, was passiert, wenn ich mich mal so richtig blamiere. ... Ich lebe noch. Gott sei Dank."
„Das war ein bösartiger Doppelgänger von mir!"

Geschlossene Gesellschaft

Immer, wenn Sie auf eine Feier gehen, betreten Sie eine fremde Welt. Sie müssen auf alles vorbereitet sein und die Grundregeln des gesellschaftlichen Verhaltens sofort jeder Situation anpassen können, denn Sie haben keine Ahnung, womit Sie konfrontiert werden.

Die Sardinenbüchse

Manchmal befinden Sie sich in dem, was ich als Sardinenbüchse bezeichne. Sie kommen auf einer Veranstaltung an und sehen nur noch Menschen. Schon an der Tür halten Sie inne; es erscheint Ihnen wie Masochismus, sich in diese brodelnde Menge zu begeben. Sie wissen, dass Sie sich dann kaum noch bewegen können, keine frische Luft mehr zum Atmen haben und die Toiletten fast unmöglich zu erreichen sind. Aber aus irgendeinem verrückten Grund treten Sie doch ein. (Zumindest mache ich es immer). Nachdem Sie sich dazu entschlossen haben, Ihren Abend als Sardine zu beschließen, hier einige nützlich Hinweise, wie Sie am besten vorgehen.

1. **Gehen Sie gezielt und mit klaren Sätzen vor.** Auf großen Feiern mit vielen Menschen ist es laut, also fällt jegliche anspruchsvollere Unterhaltung flach. Verzichten Sie auf alles, was Sprachnuancen voraussetzt, denn niemand wird Sie verstehen. Auch können Sie die Einblendung vergessen. In eine Sardinenbüchse kommt man am besten auf die ehrliche Art; die Gäste haben sich schon mehr oder weniger damit abgefunden, dass sie sich mit dem unterhalten müssen, der neben ihnen steht. Aus diesem Grund finde ich es einfacher, auf derartigen Veranstaltungen ins Gespräch zu kommen. Es ist nur schwer, es dann auch weiterzuführen.
2. **Achten Sie auf Menschen neben Ihnen, die sich durch die Menge drücken.** Denken Sie an Skilanglauf; auf einer gespurten Piste fährt es sich leichter. Dies ist die einzige Möglichkeit, durch eine große Menschenmenge zu kommen. Sobald jemand stark oder entschieden genug ist, um sich durch die Masse zu boxen, ergreifen Sie die Gelegenheit und folgen im Windschatten. Sie müssen nicht mal genau wissen, wohin der Weg führt, zwischen dem Büffet, der Bar und den Toiletten kommen Sie garantiert dort raus, wo Sie sowieso hin wollten. Dies ist eine extremere Art des Huckepack; in diesem Fall ist es sogar gestattet, sich an Ihrem Vordermann festzuhalten – solange der nichts dagegen hat. Wahrscheinlich wird er es nicht einmal bemerken. Ich muss immer daran denken, wie sich die Taxis in New York an einen Krankenwagen hängen, um in solchen Situationen schneller vorwärts zu kommen.
3. **Machen Sie sich keine Gedanken darüber, wie Sie aus einer Unterhaltung wieder entkommen.** Während die natürliche Bewegungsfreiheit stark eingeschränkt sein kann, ist es wesentlich leichter, verbal gesehen, sich zurückzuziehen. Die Sardinenbüchse ist aufgrund der fehlenden Privatsphäre ein zwangloser Ort, und die strengen Regeln der Etikette und Höflichkeit sind etwas aufgehoben. Auf wirklich großen Partys geht es so chaotisch zu, dass es

meistens gar nicht bemerkt wird, wenn Sie plötzlich weg sind. Und selbst wenn Sie bei so einem unverschämten Typen gelandet sind, der Sie in Beschlag nimmt, mangelt es Ihnen nicht an „menschlichen Opfern". Greifen Sie sich den Nächsten, der vorbeigeschoben wird, und verkuppeln ihn mit Ihrem Blutegel.
4. **Lächeln Sie.** Der Gesichtsausdruck ist das Erste, was in einer Sardinenbüchse von Ihnen wahrgenommen wird. Da die Unterhaltungsmöglichkeiten stark eingeschränkt sind, muss Körpersprache die verbale Kommunikation ersetzen. (Eigentlich wäre auch Zeichensprache von Vorteil.)

Schwindsüchtige Veranstaltungen

In einer ganz anderen Situation befinden Sie sich, wenn Sie auf einer Party ankommen und praktisch niemand anders anwesend ist. Entweder sind Sie zu früh, dann ist es nur eine Frage der Zeit, und das Problem erledigt sich von selbst. Aber wenn nach Beginn der Feier schon mehr als eineinhalb Stunden vergangen sind, könnten diese fünf oder sechs Gäste alles sein. Und die Gesetze der menschlichen Höflichkeit verlangen, dass Sie bleiben – zumindest eine Zeit lang, denn die Gastgeber könnten schon Selbstmordgedanken hegen. (Sie entkommen so oder so nicht, denn wahrscheinlich wurden hinter Ihnen die Türen verriegelt.)

Hier mache ich Ihnen einige Vorschläge, wie Sie am besten mit diese Situation umgehen:

1. **Unterstützen Sie den Zusammenhalt.** Wahrscheinlich werden Sie sich am meisten amüsieren, wenn sich alle damit abfinden, dass es sich nicht um eine normale Veranstaltung handelt. Wenn nur fünf Gäste anwesend sind, brauchen Sie nicht mehr die Illusion einer Cocktail-Party aufrechtzuerhalten, wo sich die Leute mit einem Glas in der Hand unterhalten sollen. Helfen Sie stattdessen den Gastgebern, eine intime Soiree daraus zu machen (und setzen sich gemütlich zusammen). Sie sollten versuchen, die verschiedenen Gruppen räumlich näher zusammen zu bringen, denn das erleichtert Unterhaltungen wesentlich. Wenn zwei Leute in

einer Ecke des Raumes stehen und die anderen drei in der anderen Ecke hängen, wirkt es schon ein bisschen komisch, hin und her zu laufen, um sich mit allen zu unterhalten.
2. **Bieten Sie an, zu bedienen.** Je weniger Gäste, desto höher der Energieaufwand für eine gute Stimmung. Unterstützen Sie die Gastgeber in ihrem Bemühen, den wenigen vorhandenen Gästen eine so angenehme Atmosphäre möglichst zu bieten. Ihr Hintergedanke: Bieten Sie an, Essen und Getränke herumzureichen, damit Sie mit allen Anwesenden in Kontakt kommen. In einem leeren Raum ist es eine Überlebensfrage, dass sich Ihnen nicht ein Langweiler oder Dummkopf anhängt – es könnte sonst passieren, dass Sie die beiden letzten Gäste sind. Wenige Gäste können in null Komma nichts verschwunden sein.
3. **Spielen Sie.** Spiele (siehe Kapitel 2) können eine Feier wirklich zum Leben erwecken. Natürlich sollten Sie niemals wirkliche Gesellschaftsspiele vorschlagen, es sei denn, die Gastgeber bitten Sie darum. Obwohl früher schwindsüchtige Feiern oft durch Spiele gerettet wurden.
4. **Loben Sie Ihre Gastgeber.** Sie sind wahrscheinlich enttäuscht, dass nicht mehr Gäste der Einladung gefolgt sind, aber stellen Sie sich vor, wie Ihre Gastgeber sich fühlen müssen, wenn Eingeladene einfach nicht erscheinen. Nachdem Sie an der Zahl der Anwesenden nichts ändern können, greifen Sie die Gelegenheit beim Schopf und machen Komplimente über die Feier. Das Essen ist gut, die Dekorationen gekonnt, Sie freuen sich, dass Sie endlich Gelegenheit haben, sich mit Ihren Gastgebern zu unterhalten. Auf einer Party, die unter Gästemangel leidet, müssen Sie gute Laune versprühen. Alle werden es Ihnen danken.

Betrunkene

In fast jedem Buch, das in diesem Jahrhundert (dieses Buch entstand 1999) jemals über Etikette geschrieben wurde, gibt es ein Kapitel, das hauptsächlich für junge Damen geschrieben wurde. Es handelt vom anständigen und korrekten Verhalten gegenüber ihren angeheiterten männlichen Begleitern. Alice Leone Moats hat 1935 in ihrem berühmten Buch *Anständige*

Mädchen fluchen nicht sogar die verschiedenen Trunkenbolde in Kategorien eingeteilt. Der Lustige, der Weinerliche, der Anhängliche, der Säuerliche, der Rechthaber, der Lehrerhafte, der Aggressive, der Sentimentale, der Liebende und der Kotzbrocken.

Ich weiß nicht, ob es an meinem Alter liegt, an der Zeit oder den gesellschaftlichen Kreisen, in denen ich mich bewege, aber ich treffe kaum auf andere als die liebenswürdigeren Kategorien der Betrunkenen. Mit allen ist der Umgang einfach – und manchmal auch sehr erheiternd. Wenn Sie allerdings mit weniger gutmütigen Betrunkenen umgehen müssen, dann sind hier einige Richtlinien:

1. **Diskutieren Sie nie mit einem Betrunkenen.** Es ist zwecklos. Ertragen Sie ihn, wie Sie einen Verrückten ertragen würden, aber unterstützen Sie ihn auch nicht. Wenn er behauptet, dass er genügend Kraft hat, um sie zu tragen, stimmen Sie zu, aber geben Sie ihm auf keinen Fall die Gelegenheit, es zu versuchen.
2. **Flirten Sie niemals mit einem Betrunkenen.** Genauso gut könnten Sie neben einem offenen Benzintank zündeln. Und hierbei rede ich sowohl von Frauen als auch von Männern, die zu tief ins Glas geschaut haben.
3. **Erzählen Sie einem Betrunkenen nie, dass er zu viel gehabt hat.** Außer es handelt sich um Ihren besten Freund, und auch in diesem Fall warten Sie am besten bis zum nächsten Morgen.
4. **Denken Sie daran, dass Sie sich nicht mit einem Betrunkenen unterhalten müssen.** Es ist Ihre freie Entscheidung. Normalerweise ist es ganz einfach, wirklich Betrunkenen zu entkommen, denn deren Wahrnehmung ist so getrübt, dass Sie sämtliche Tricks, zu entkommen, anwenden können. Ihr Gegenüber wird gar nicht wissen, wie ihm geschieht. Viele Leute scheinen das zu vergessen und lassen sich von einem Trunkenbold für lange Zeit in einer Ecke festnageln. Geben Sie einem Betrunkenen nicht die Illusion, dass er die Situation unter Kontrolle hat, weder gesellschaftlich noch auf andere Art. Ein einfaches „Entschuldigen Sie mich" und ein schneller Rückzug sind angemessen. Machen Sie sich keine

Gedanken darum, dass er nun ganz alleine stehen geblieben ist, er wird schon schnell genug ein anders Opfer finden. Falls Sie ein „menschliches Opfer" suchen, um selbst zu entkommen, wählen Sie einen anderen Betrunkenen. Sonst könnten Sie sich Feinde schaffen, was Ihren Bemühungen in Hinblick auf gesellschaftliche Perfektion zuwider laufen würde.

5. **Wenn der Betrunkene angriffslustig ist, können Sie das auf einer Feier zu Ihrem Vorteil nutzen.** Erinnern Sie sich an den Trick der „hilflosen Hannah" (Seite 54), wo Sie andere Gäste gebeten haben, Ihnen zur Seite zu stehen? Wenn Sie von einem Betrunkenen belästigt werden, helfen Ihnen alle anderen Anwesenden, egal ob Sie ein Mann oder eine Frau sind. Denken Sie an das alte chinesische Sprichwort: „Wer Ihnen das Leben rettet, ist für Sie verantwortlich." (Übersetzung: Wer Sie vor einem Betrunkenen in Schutz nimmt, hat Sie praktisch für den Rest der Feier adoptiert und muss Sie später in den Kreisen, in denen er sich aufhält, willkommen heißen.)

6. **Warnen Sie andere Gäste vor einem Betrunkenen.** Damit will ich sagen, warnen Sie vor all den Betrunkenen, die aggressiv, gewalttätig oder so blau sind, dass sie Schaden verursachen. In den meisten Fällen ist der Grundsatz „leben und leben lassen" eine gute Einstellung, denn immerhin sind Sie ja gekommen, um sich gut zu unterhalten. Aber trotzdem ist es eine liebenswürdige Geste, den Gastgeber auf ein mögliches Problem hinzuweisen. Dann kann er sich überlegen, ob er eine Lösung suchen möchte.

Ein letztes Wort zu diesem Thema: Befinden sich auf einer Feier viele Betrunkene, lassen Sie die Veranstaltung sausen und gehen Sie nach Hause. Oder begeben Sie sich ohne Umwege an die Bar und bestellen sich einen doppelten Whisky.

Unter Gesellschaftphobikern

Fast alle Menschen leiden bis zu einem gewissen Grad an Gesellschaftsphobie. Aber was machen Sie, wenn Sie auf ein Fest eingeladen sind, auf dem sich eine besonders hohe Zahl solcher Gäste befindet oder Ihr Gegenüber besonders zurückhaltend und gesellschaftlich unerfahren ist?

Sie merken, dass etwas nicht stimmt, wenn die ersten drei Ihrer Einleitungen, jene, die sonst immer am erfolgreichsten sind, im Sande verlaufen. Wenn Sie Schweigen oder bestenfalls einsilbige Antworten ernten, können Sie fast sicher sein, dass es sich um einen Fall ausgeprägter Gesellschaftsangst handelt.

Erstens: Sie müssen sich klar machen, dass es nicht an Ihnen liegt. Das ist sehr wichtig, denn diese Art Angst ist ansteckend. Wiederholen Sie gebetsmühlenartig in Ihrem Kopf: „Es liegt nicht an mir, es liegt nicht an mir."

Zweitens: Führen Sie eine Unterhaltung mit einem Gesellschaftsphobiker interviewartig. Sie werden ihn aus seinem Schneckenhaus hervorziehen müssen. Stellen Sie sich vor, Sie seien Robert Lemke und hätten einen Kandidaten vor sich. Stellen Sie viele Fragen – am Besten solche, die sich nicht mit einem einfachen Ja oder Nein beantworten lassen. Am geschicktesten sind alle Superlative: „Wer war Ihr schwierigster Patient?" „Welches war Ihr interessantester Auftrag?" Überlegen Sie sich bereits dann eine neue Frage, wenn Sie die erste gerade ausgesprochen haben; die Antworten werden nicht sehr ausführlich sein. Beobachten Sie das Gesicht Ihres Gegenübers, um eventuelles Interesse an einem Thema sofort zu erkennen. In dieser Richtung können Sie sich dann vorsichtig weiter bewegen.

Drittens: Wenn das Fragenstellen nicht zum gewünschten Erfolg führt oder Sie müde werden, versuchen Sie's mit Komplimenten. Es ist immer gut, unsichere Menschen in ihrem Selbstwertgefühl zu bestärken und besonders in den Bereichen zu unterstützen, in denen sie sich am schwächsten fühlen. Also werden Sie einem Gesellschaftsphobiker gegenüber erwähnen, dass Sie nicht viele Menschen treffen, deren Gesellschaft Ihnen so angenehm ist wie seine. Wenn danach immer noch keine Reaktion erfolgt, haben Sie zumindest Ihr Bestes gegeben und können sich einen anderen Gesprächspartner suchen. Denken Sie daran, dass Gesellschaftphobiker Ihnen die Kraft rauben können, denn Ihr Einsatz muss für zwei reichen. Lassen Sie sich nicht ermüden!

Wenn sich auf der ganzen Feier nur Partymuffel befinden, kann man nur hoffen, dass Sie am Morgen gut gefrühstückt haben.

Die Arroganten

In fast allen gesellschaftlichen Situationen rate ich, immer so höflich und liebenswert wie möglich zu sein. Aber wenn Sie es mit einem wirklich arroganten Zeitgenossen zu tun haben, gilt der Grundsatz: hart bleiben und zurücktreten. Die Arroganten treten packweise auf, also werden Sie wohl eher mit einer Gruppe als mit einer Einzelperson fertig werden müssen. Meist sind es Golfspieler, Werbefachleute, Designer oder auch schlicht und ergreifend Reiche. Auf jeden Fall sind sie schwer zu erreichen und flüchten sich oft in Phrasen wie: „Sie müssen sich hier ja fremd vorkommen. Darf ich Ihnen die Vorspeisen erklären?"

Natürlich werden Sie, wenn Sie vernünftig sind und die Wahl haben, einfach nach Hause gehen. Es macht keinen Spaß, sich mit arroganten Zeitgenossen beschäftigen zu müssen. Leider müssen Sie manchmal – aus den verschiedensten Gründen – in den sauren Apfel beißen und aus der Situation das Beste machen. Vielleicht sind Sie geschäftlich eingeladen oder Sie haben Verpflichtungen. Oder Sie sind mit einem Partner eingeladen, dem Sie nicht auch den Abend verderben wollen. Aus was für Gründen auch immer, hier sind einige Regeln, die Sie im Umgang mit Arroganten beherzigen sollten:

1. **Denken Sie sich eine „Überlebensphantasie" aus.** Wenn es jemals einen guten Zeitpunkt dafür gab, dann jetzt! Sie brauchen eine Menge Selbstsicherheit.
2. **Atmen Sie tief durch.** Das ist immer gut und hilft Ihnen, sich zu entspannen.
3. **Machen Sie keine Komplimente.** Ihrem ersten Impuls folgend werden Sie versuchen, Wohlwollen durch Komplimente zu erregen. Aber wirklich arrogante Menschen sind normalerweise eingebildet, und Eingebildete schätzen Komplimente überhaupt nicht. Auf jeden Fall gewinnen sie dadurch noch mehr Kraft, und das tut jemandem, der sich sowieso schon überlegen fühlt, gar nicht gut.
4. **Hänseln Sie arrogante Menschen vorsichtig.** Zuerst müssen Sie versuchen, mit ihnen ein Gespräch auf ihrer Ebene zu führen; zeigen Sie, dass Sie deren Sprache mächtig sind. Passen Sie jedoch auf – Ihr Ziel heißt hänseln, nicht beleidigen. Sie wollen necken und niemanden bösartig ärgern. Am besten funktioniert das natürlich, wenn Sie einen Vertreter des anderen Geschlechts vor sich haben. Erzählen Sie ihm, dass Sie etwas Schlimmes über ihn gehört haben, oder, wenn es sich um eine Bekanntheit handelt, dass Sie nicht wissen, wen Sie vor sich haben. (Sie können ihn auch mit jemand anderem verwechseln, der keinerlei Ähnlichkeit hat.) Sie müssen übertreiben und dürfen nie zeigen, dass es Ihnen nicht egal ist, was über Sie gedacht wird.

Wenn jedoch Ihr Gesprächspartner dann beginnt, sich für Sie zu interessieren und sein überhebliches Benehmen ablegt, müssen Sie ihn auch belohnen, indem Sie nett sind und leicht nachgeben. Die oben genannten Regeln gelten nur so lange, wie sich Ihr Gegenüber arrogant verhält.

Die sitzende Gesellschaft

In diesem Teil werden nicht die gesellschaftlichen Veranstaltungen behandelt, bei denen man üblicherweise sitzt, denn diese Gelegenheiten, obwohl ein durchaus angenehmer Zeitvertreib, fallen nicht in die Kategorie der gesellschaftlichen Unterhaltungen. Ich spreche hier über große Veranstaltungen, bei denen Sie die schicksalhafte Entscheidung treffen, sich hinzusetzen.

Es gibt verschiedene Gründe, sich auf einer Feier, bei der die meisten Gäste stehen, hinsetzen zu wollen. Entweder schmerzen Ihre Füße (ein ausgezeichneter Grund), Sie wollen jemandem entkommen (achten Sie darauf, dass neben Ihnen kein Platz frei ist), Sie haben Ihren Teller am Büffet vollgeladen und wollen jetzt in Ruhe essen oder Sie unterhalten sich mit einem anderen Gast und wollen das Gespräch vertiefen. All dies sind gute Gründe, um sich etwas Ruhe und Erholung zu gönnen, aber Sie sollten sich auch der Gefahren bewusst sein.

Am abschreckendsten ist der Umstand, dass es sehr schwer sein kann, den Platz zu verlassen. Aus einer sitzenden Position heraus lassen sich die meisten Manöver zum Entkommen nur sehr schwer ausführen. Sie könnten unabsichtlich neben einer Venus-Fliegenfalle Platz genommen haben; jemand, der nur den ganzen Abend darauf gewartet hat, dass Sie sich neben ihn setzen, um endlich ausführlich von seiner Gallensteinoperation kürzlich berichten zu können. Selbst wenn Sie einen Nachbarn haben, mit dem Sie sich gerne unterhalten, kann es Ihnen passieren, dass der Betreffende nach kurzer Zeit aufsteht und Sie ganz alleine sitzen bleiben. Dann sind Sie allen, denen Sie entkommen wollten, schutzlos ausgeliefert! Sie gehen ein großes Risiko ein, wenn Sie sich setzen, also überlegen Sie sich vorher, ob der Preis nicht zu hoch ist.

Die andere, schleichende Gefahr ist mehr psychologischer Art; wenn Sie sich einmal gesetzt haben, kann es passieren, dass Sie Ihr gesellschaftliches Engagement verlieren. Vielleicht denken Sie: „Dieser Sessel ist so bequem, ich sollte hier bleiben und einfach die Leute beobachten." **Warnung:** Wenn Sie merken, wie Sie in dieses Stadium der Gesellschaftsphobie abdriften, sollten Sie aufstehen. Sofort!

Um auch den gesellschaftlichen Umgang im Sitzen zu beherrschen, sollten Sie lernen, wie Sie wieder aufstehen. Es ist äußerst schwer, jemanden loszuwerden (siehe Venus-Fliegenfalle), der eigentlich mehr zu Ihnen als mit Ihnen spricht, wenn Sie beide sitzen. Sie sind genau dort, wo Sie sein sollen; Sie sind ein Gefangener oder zumindest fühlen Sie sich so.

Viele der üblichen Methoden, um ein Gespräch zu beenden, sind im Sitzen nicht anwendbar, aber es gibt doch einige Methoden, die mir sehr praktikabel erscheinen. Als Erstes sind hier die Version des „Servus am Büffet" und weitere ähnliche Entschuldigungen zu nennen (Seite 83). Es gibt auch die gegensätzliche Variante der Entschuldigung, mit der Sie sich hingesetzt haben; Sie unterbrechen Ihren Gesprächspartner mit den Worten: „Es tut mir Leid, aber ich kann einfach nicht mehr sitzen." In der höflicheren Version fragen Sie die Fliegenfalle, ob sie nicht auch aufstehen möchte. Stimmt sie zu, können Sie, sobald sie auf den Füßen ist, ein „menschliches Opfer" suchen, andere Entschuldigungen vorbringen und sich schleunigst aus dem Staub machen.

Das „menschliche Opfer" kann auch im Sitzen gefunden werden, und das funktioniert so: Suchen Sie jemanden in Ihrer Nähe und machen Sie auf sich aufmerksam. Versuchen Sie, ihn langsam in die Unterhaltung mit einzubeziehen, eine witzige Bemerkung zu machen und ihn in die Gespräche der Venus-Fliegenfalle mit einzubringen. In dem Augenblick, in dem Ihr Opfer Sie anlächelt oder auf einen Kommentar der Fliegenfalle reagiert, erheben Sie sich und bieten Ihren Platz an. Je nach Situation können Sie auch bitten: „Würden Sie meinen Platz einen Moment für mich freihalten?" Das ist schon leicht hinterhältig, da man eine solche Bitte kaum ablehnen kann, aber wie ich schon erwähnt habe, ist in der Liebe und auch im gesellschaftlichen Umgang alles gestattet. (Natürlich kommen Sie nicht zurück! Sie sollten sogar darauf achten, sich in dieser Zimmerhälfte gar nicht mehr blicken zu lassen.) Das „menschliche Opfer" von einem Stuhl aus zu inszenieren ist ein gewagtes Unternehmen, aber schlimmstenfalls wirkt es aufgetragen. Sie werden damit immer aus Ihrem Sitz hochkommen, selbst wenn Sie nicht alleine aufstehen. Und sobald Sie auf den Füßen sind, kann Sie nichts mehr aufhalten.

Ein letztes Wort über „sitzende Gesellschaften". Versuchen Sie nicht, sich zu setzen, wenn Sie angeheitert oder müde sind. Mir fällt nur eine Sache ein, die unhöflicher ist als sich zu betrinken: einschlafen. Und dann vielleicht auch noch schnarchen.

Schnelle Hilfe in allen Situationen

Wie man auf Handküsse und andere Berührungen reagiert

Hin und wieder werden Sie auf eine Art berührt, die Sie als unpassend empfinden – ein Kuss auf Ihre Hand, ein Arm um Ihrer Taille, ein Streicheln über das Haar, ein Kuss in den Nacken (einmal wurde ich sogar am Ohr gezogen, ich schwöre es!) – und Sie wissen nicht, wie Sie reagieren sollen. Jeder Mensch zieht seine Grenzen anders.

Manche Menschen fühlen sich durch den Kuss oder die Umarmung eines Fremden nicht belästigt, während für andere solch ein Verhalten einem fast kriminellen Überfall auf ihre Intimsphäre gleichkommt. Selbst ein Handkuss ist für die einen die Höhe ritterlichen Verhaltens, während andere es als eine Beleidigung empfinden. Die meisten Menschen fühlen sich durch Berührungen jedoch zu einer wie auch immer gearteten Reaktion herausgefordert. Egal, ob Sie sich geehrt oder belästigt vorkommen, einer der folgenden Sätze ist sicher eine passende Antwort. Die Liste reicht von positiven Kommentaren bis zu krasser Ablehnung. („Versuchen Sie das noch mal und ich haue Ihnen eine runter.")

> *„Na sowas, vielen Dank auch, mein Herr (meine Dame)."*
> *„Ritterlichkeit, wie sie leibt und lebt."*
> *„Enchanté Monsieur."*
> *„Ich bin nicht diese Art Mädchen."* (Auch wenn Sie ein Mann sind.)
> *„Muss das sein?"*
> *„Nicht anfassen, bevor Sie gekauft haben."*
> *„Sind Sie geimpft?"*

„Entschuldigung, aber ich wüsste nicht, dass wir ein Verhältnis miteinander haben."
„He, ich bin keine dumme Gans!"
„Sie befinden sich auf Privatgrund."
„Was bin ich für Sie – eine Tomate?" (Nur bei Kneifen, Drücken und Anfassen zu verwenden)

Beleidigungen

Die beste Geschichte, die mir jemals im Umgang mit Beleidigungen zu Ohren kam, hörte ich von einem Freund. Ich werde ihn Toni nennen (warum, werden Sie verstehen). Toni war anscheinend auf einer Feier, auf der ein Film besprochen wurde, den er gerade gesehen hatte. Im Gespräch forderte ihn ein Mann plötzlich heraus.

„Sie wollen doch nicht sagen, dass Ihnen dieser Mist wirklich gefallen hat?" blaffte ihn der Mann an. Überrascht versuchte Toni sich zu rechtfertigen.

„Nun ... ich will ja nicht sagen, dass er kulturell anspruchsvoll ist, aber ich fand ihn schon unterhaltsam; ja, doch."

Der Mann grinste hämisch. „Warum sollte sichh die Filmindustrie auch bemühen, einen guten Film zu produzieren, solange es solche Hohlköpfe wie Sie gibt."

Toni war von der Aggressivität des Mannes wie vor den Kopf geschlagen, so wie alle Umstehenden auch. Die Beleidigung war so feindlich und unerwartet, dass Toni keine Möglichkeit sah, ihm zu antworten. Zumindest verbal nicht.

Aber Toni verfügt über seine eigene – sprachlose – Methode, mit diesen Dingen umzugehen. Er wartete einen Moment, suchte sich dann den betrunkensten Mann auf dem ganzen Fest heraus und sprach kurz mit ihm. Nicht lange danach kam es zu einem unglücklichen „Unfall". Toni hatte den Betrunkenen mit zehn Mark bestochen, damit er seinen Drink über dem Unverschämten ausgoss.

Ein Kopfgeld auf jemanden auszusetzen ist vielleicht nicht Ihre Art, aber genauso sind so bösartige Beleidigungen selten. Auch werden Sie meist unter Zeugen beleidigt und fühlen eine Notwendigkeit, sofort zu reagieren, um Ihr Ansehen zu bewahren oder zu verteidigen. Deshalb ist es meistens am besten, denjenigen unmittelbar mit einer der folgenden Bemerkungen kaltzustellen. Sie werden sehen, dass sie von witzig (was die Situation entschärfen kann) bis zu böse (was vielleicht Ihnen Genugtuung verschafft) rangieren. Schreiben Sie Ihre eigenen Antworten, die Ihnen in den Sinn kommen, in die vorgegebenen Zeilen.

Warnung: Sie müssen sicher sein, dass Sie wirklich beleidigt worden sind, bevor Sie eine der folgenden Bemerkungen anwenden. Sie sind rein defensiv gedacht.

„Ich möchte Ihr Benehmen nicht meinem Hund beibringen müssen."
„Sie möchte ich nicht essen müssen – Sie sind ein Plätzchen voll Rattengift."
„Sind Sie immer so gemein oder habe ich nur Glück gehabt?"
„Auf welcher Benimm-Schule haben Sie Ihren Abschluss gemacht?"
„Meine Mutter hat mich immer davor gewarnt, mich mit fremden Leuten zu unterhalten – nun weiß ich, warum."
„Ich kenne ihr eigentliches Problem. Aber machen Sie sich nichts draus – dass Sie ein Toupet tragen sieht man aus weiter Entfernung."
„Oh Gott, das sieht ja furchtbar aus. (Was?) Ihre Visage."
„Mit Radiergummi gäbe es Sie nicht mehr."
„Sind Sie eine gute oder eine schlechte Hexe?"
„Ihre Gedanken sind vergiftet. Warum lassen Sie sie nicht auch durch den Rest Ihres Körpers ziehen?"

„_____"
„_____"
„_____"

Erste Hilfe bei Panik

Nachdem ich nun viele Anregungen und Hinweise für alle möglichen Situationen gegeben habe, ist mir bewusst, dass es Gelegenheiten gibt, bei denen viele Menschen nur noch unter Panik leiden. Vielleicht sind Sie entsetzt, weil Sie plötzlich keine Ahnung mehr haben, worum sich die Unterhaltung dreht;

Sie sind durcheinander und verstehen nicht mehr, was man Ihnen erzählt. (Und haben auch die „Gedankenstrich-Taktik" vergessen). Sie denken, dass Sie beleidigt wurden, sind sich aber nicht ganz sicher. Unter Umständen haben Sie nur noch einen Wunsch: Nichts wie weg hier, wissen aber nicht, warum. Machen Sie sich keine Sorgen! Es gibt ein paar einfache – allerdings nicht sehr intellektuelle Möglichkeiten, die Sie retten können, wenn Sie gerade eine Panikattacke durchleben. Versuchen Sie in dem Moment, wo Sie spüren, wie der blanke Horror in Ihnen aufsteigt, die Situation einzuschätzen und mit einem der folgenden Sätze weiterzukommen:

„Sie haben eine faszinierende Stimme."
„Mir ist schwindelig. Ist es hier drinnen heiß?"
„Was Sie sagen macht Sinn."
„Hmmm, das Leben ist schon interessant."

Verluste minimieren (oder: Wann Sie aufgeben und nach Hause gehen sollten)

Der beste Pokerspieler ist der, der weiß, wann es Zeit ist, aufzuhören. Egal, wie geübt Sie sind oder wie gerne Sie spielen möchten, manchmal haben Sie einfach nicht das Blatt, um sich zu unterhalten. Zehn Minuten nach Ihrer Ankunft wissen Sie schon, dass Sie an diesem Abend nie zu dieser Veranstaltung hätten gehen sollen. Wenn Sie bleiben, unterhalten Sie sich nicht – und, was noch schlimmer ist, es ist nachteilig für Sie, denn wahrscheinlich hinterlassen Sie keinen (guten) Eindruck. Wenn Sie also müde, krank oder zu abgelenkt sind, um sich gut zu unterhalten, sollten Sie das schnell erkennen und sofort reagieren. Mit anderen Worten: Minimieren Sie Ihre Verluste und ab nach Hause.

Überprüfen Sie jedoch, ob Sie nicht voreilig aus Angst vor der Gesellschaft aufgeben. Viele Menschen erwecken von sich den Eindruck, introvertiert zu sein und keine Feiern zu mögen – während der tatsächliche Grund der ist, dass sie vor Panik innerlich erstarrt sind. Ihre eigene Gesellschaftsangst erkennen zu können ist ein wichtiger Schritt bei der Erlernung und Anwendung der Kunst der Unterhaltung.

Auch wenn Sie manchmal vorzeitig abbrechen, sollte das für Sie kein Grund sein, auch zukünftigen Festen aus dem Weg zu gehen. Jeder lässt hin und wieder eine Feier aus. Aber denken Sie immer daran, dass jede neue Party – genau wie jeder Mensch – einmalig und nicht einschätzbar ist. Sie wollen doch sicher nicht das Risiko eingehen, die beste Unterhaltung, die Sie je hatten, zu verpassen.

7. Neue Technologien – gesellschaftlicher Umgang in der Gegenwart

Themen und Stichworte für das neue Jahrzehnt

Gute Unterhalter wissen um die neuesten Themen und die aktuellen Entwicklungen, über die sie, wenn auf Partys das Gespräch darauf kommt, sich unterhalten können. Anders als die meisten anderen Experten auf dem Gebiet der Kommunikation möchte ich Ihnen allerdings nicht raten, nun hektisch vor jeder Feier die Zeitungen und Zeitschriften auf der Suche nach dem Zeitgeschehen zu durchforsten. Ich vertrete die Ansicht, dass Sie sich entweder für die Welt um Sie herum interessieren oder eben nicht. Die Information in letzter Sekunde wird Sie nicht zu einem weltoffeneren Menschen machen.

Obwohl Sie vielleicht die folgenden neunzig Schlüsselworte und Schlagzeilen nachschlagen möchten, empfehle ich Ihnen, nicht in die Bücherei zu gehen, um sich nun umfassend über alles Ihnen Unbekannte zu informieren. Es genügt, wenn Sie davon schon einmal gehört haben, und wissen, dass es so etwas gibt. Halten Sie die Ohren im täglichen Leben offen, und während Sie Nachrichten sehen, hören oder lesen. Dann wissen Sie beim nächsten Mal Bescheid, wenn auf einer Feier von „virtueller Realität" gesprochen wird und können mitreden, anstelle fragend daneben zu stehen und sich zu überlegen, wie Sie das Thema auf Angeln oder anderes, Ihnen Vertrautes bringen können.

Bitte beachten Sie: Stellen Sie sicher, dass Sie richtig verstanden haben, worum sich das Gespräch dreht, bevor Sie sich in eine Unterhaltung einmischen. Ich unterhielt mich einmal mit einem Freund 15 bizarre Minuten lang über Familien, bevor wir beide merkten, dass er eigentlich Tamilen meinte.

Aktuelle Themen

Erwachsenenbildung
Tierschutz
Abstinenz
Babyhandel
Biotechnologien
Brain mapping
Brustimplantate
Bungee jumping
Handys
CD-ROM
Kältefusion
Computervirus
Kristalle (Crystal)
Eurotunnel
DAT (Digital Audio Tape)
E-Mail
Erdbebensicherheit
Umweltschutz
Fiberglasoptik
Generation X
Besuchsrecht für Großeltern
Obdachlose
Integrative Techniken
CDs
Wischfeste Tinte
Männergruppen
Multikulti
Nanotechnologie
Indianer
Ozonloch
Pestizidresistente Insekten
Regenwald
Robotics
Rollerblades
Recycling
Cocooning
Feng Shui
Silikonimplantate
Sexuelle Belästigung
Stereoskopisches Röntgen
Drogenfreie Zone
Treibhauseffekt
HDTV (Hochauflösendes Fernsehen)
Krankenversicherung
Pflanzliche Arzneimittel
Homöopathie
Pentium
Synergieeffekte
Ultraviolette Strahlen
Virtual Reality
Freeclimbing

Der gegenwärtige Slang

Slang unterliegt der Mode. Bis Sie die Bedeutung herausgefunden haben, ist das Wort schon wieder veraltet. Am besten machen Sie sich eine Liste, in die Sie neue Worte schreiben, sobald sie Ihnen das erste Mal beggnen. Fragen Sie auch auf der Stelle nach der Bedeutung. Wenn Sie sich zu sehr genieren, fragen Sie später einen kompetenten Freund.

Die Gefahren politischer Unterhaltungen

Wir haben die alte Leier schon unzählige Male gehört: Sprich in der Öffentlichkeit niemals über Politik oder Religion. Unsere Mütter haben es uns eingehämmert, so wie ihre Mütter es auch gemacht haben. Grund ist die Annahme, dass Menschen in diesen beiden Bereichen starke Emotionen haben, die nicht den normalen Gesetzen einer vernünftigen und freundlichen Unterhaltung unterliegen. Jeder vertritt eine andere Ansicht – besonders dann, wenn es um Politik geht – und auf eine unnachgiebigere Art, als es vielleicht bei anderen Themen der Fall wäre. Und die meisten Menschen sind sich einig, dass unterschiedliche Auffassungen anregend auf eine Unterhaltung wirken können, Schreien und Schimpfen aber auf jeden Fall zerstörerisch wirken.

Auf einer großen Feier sollen Sie im Idealfall den gesellschaftlichen Umgang pflegen. Das heißt, Sie sollen viele und kurze Gespräche führen. Wenn Sie erst mal eine Diskussion über die Wahlen im kommenden Jahr begonnen haben, ist es wahrscheinlich, dass Sie alles andere um sich herum vergessen und Ihre Gesprächspartner nicht mehr ändern. Aber die größte Gefahr besteht nach wie vor auf der emotionalen Seite. Die meisten Menschen erreichen bei politischen Themen schnell ihre Toleranzgrenze und sagen Dinge, die sie eigentlich nicht beabsichtigt hatten. Wenn zwei oder mehr Gäste heftig diskutieren, kann das eine Art Sog verursachen; zuerst werden immer mehr Gäste auf den Vorfall aufmerksam und sehen zu oder, schlimmer noch, ergreifen ebenfalls Partei. Und dann wird Ihre Diskussion zu einem Grab für das gesellschaftliche Zusammensein aller. (Wie damals, als Onkel Heinrich die Weihnachtsfeier ruinierte, weil es eine politische Meinungsverschiedenheit gab und er zum Schluss Herrn Bäcker den Karpfen um die Ohren schlug.)

Die Gefahren der politischen Unterhaltungen sind so real wie eh und je, aber, und nun halten Sie sich fest, ich glaube, es ist langsam an der Zeit, dass wir das seit vielen Jahren gültige Gesetz neu fassen. Es muss nun lauten: Es ist akzeptabel, über Politik und Religion zu sprechen, aber lassen Sie sich dabei nicht zu einem Streit hinreißen.

Wir müssen erkennen, dass unser Leben heutzutage zu sehr mit der politischen Entwicklung verknüpft ist, als das man das Thema gänzlich auszuklammern. Wenn die Parteien zu allen Seiten zusammenbrechen, die Umwelt immer weiter verschmutzt wird und wir uns in einer Phase der ökonomischen Neuorientierung befinden (Rezession oder Depression, je nachdem, mit wem Sie darüber sprechen), ist es unmöglich, dass sich gebildete Leute treffen und kein Wort über Politik verlieren. Sie nehmen bereits dann einen politischen Standpunkt ein, wenn Sie sich zum Tragen von Pelzen bekennen oder sich über den letzten Christopher Street Day unterhalten. Die Gegenwart ist politisch.

Ich bin der Ansicht, dass die Regel, keine politischen Themen auf gesellschaftlichen Veranstaltungen anzuschneiden, zum Teil auch daher rührte, dass Frauen nichts in ihren hübschen kleinen Köpfen haben sollten und deshalb auch nicht über Politik mitreden konnten. (Zogen sich die Männer nicht immer nach dem Abendessen zurück, um Portwein zu trinken und „Geschäfte" zu besprechen?) Männer mieden diese Themen in gemischten Gesellschaften, da es als unhöflich galt, die Frauen aus der Unterhaltung auszuklammern.

Aus diesen Gründen wird der jetzige gesellschaftliche Umgang weniger oberflächlich sein, auch wenn Feste immer noch in erster Linie der Unterhaltung dienen sollen. Was wäre wohl der Sinn einer Unterhaltung, wenn sie sich ausschließlich um die Farbe der Vorhänge drehen würde? Politische Unterhaltungen haben ihre Tretminen, aber die interessanten Gespräche, die Sie führen können, sind die Gefahren wert. Dennoch müssen Sie wissen, wie Sie scharfe Klippen sicher umschiffen können. (Ich mache hier keinen Unterschied zwischen Politik und Religion, da die beiden Themen sowieso eng miteinander verflochten sind. Die folgenden Regeln gelten genauso für Religion, obwohl mir aufgefallen ist, dass Religion weniger Aggressionen hervorruft. Am gefährlichsten ist es, über eine Kombination von Politik und Religion zu sprechen, zum Beispiel über Abtreibung.)

1. **Erkennen Sie Ihre Grenzen.** Das ist das Wichtigste überhaupt. Sie müssen in der Lage sein, den Moment, in dem Sie

kurz vorm Platzen sind, zu erkennen. Das ist nicht leicht, wenn Sie gerade mitten in einer Diskussion über die Sozialhilfe sind. Und halt! Eine gewisse Ähnlichkeit zum Konsum von Alkohol ist vorhanden. Ein Glas mehr ist bereits zu viel. Wenn Sie erst mal betrunken sind, können Sie sich nicht mehr erinnern, wie Sie eigentlich in diese Situation gekommen sind. Aber ich wiederhole mich: Wenn Sie glauben, nicht rechtzeitig die Unterhaltung abschließen zu können (oder Sie von Ihren Freunden darauf hingewiesen werden), halten Sie sich an die alte Regel. Keine Unterhaltung über Politik.

2. **Fanatismus-Test.** Selbst wenn Sie in den meisten Situationen Ihren kühlen Kopf bewahren, müssen Sie vorsichtig sein, mit wem Sie sich über Politik unterhalten. Während meist zwei für einen Streit nötig sind, kenne ich nur wenige Menschen, die angesichts eines Fanatikers ruhig bleiben können. Um einen zu erkennen, bevor es zu spät ist, sollten Sie einige Testfragen entwickeln, mit denen Sie herausfinden können, ob Ihr Gesprächspartner dazu gehört. Sie können die Antworten analysieren, um zu sehen, ob Sie sich noch in sicheren Gewässern befinden. Achten Sie besonders auf den Gesichtsausdruck; hier erfahren Sie mehr als aus verbalen Äußerungen. Die vorgeschlagenen Testfragen sind nur zur Orientierung gedacht; hier kommt es jedoch mehr noch als bei anderen Themen auf Ihre persönliche Initiative an.

Warnung: Tests sind niemals idiotensicher, und die meisten Menschen antworten auch nicht so ehrlich, wie Sie vielleicht denken.

„Welche Zeitungen lesen Sie gerne?"
„Ich sah gerade jemanden, der genau so aussah wie (Name eines Politikers)."
„Ich wette, in Berlin wird nicht viel besser gegessen als hier."
„Letzte Nacht habe ich von unserem Bundeskanzler geträumt."

3. **Verhalten Sie sich diplomatisch.** Stellen Sie sich vor, Sie seien ein ausländischer Diplomat, der zu einer Cocktailpar-

ty eingeladen wurde. Versuchen Sie, eher durch Bemerkungen wie: „Nun, unserer Wirtschaft geht es ja im Moment wohl nicht so gut ..." distanziert und zurückhaltend zu erscheinen, als zu sagen: „Wollen Sie etwa behaupten, dass wir nicht in ziemlich ernsthaften wirtschaftlichen Schwierigkeiten stecken?" Eine gute Regel ist immer, Fragen zu vermeiden. (Es sei denn, Sie sind wirklich gut informiert, und können antworten, wenn jemand wissen will: „Haben Sie über das letzte Gesetz gelesen und wird es durch den Bundestag kommen?") Achten Sie darauf, dass Ihre Stimme nicht lauter oder schneller wird, als sie bei einem Gespräch über den Nachtisch wäre.

4. **Lernen Sie zu entzerren und zu entkommen.** In dem Moment, wo Sie einen Kontrollverlust bei sich oder Ihrem Gesprächspartner bemerken, müssen Sie die Situation entzerren und sich zurückziehen. Das ist nichts mehr für Anfänger. Sie müssen gewillt sein, ein Ende zu finden. (Tief einatmen kann von Nutzen sein, ebenso, sich einen anderen Aufenthaltsort zu suchen oder einen weiteren Gast in die Gruppe zu bitten. Erinnern Sie sich: Änderung bedingt Bewegung, Bewegung bedingt Veränderungen.) Im Folgenden finden Sie einige Vorschläge, mit denen Sie die Fronten aufweichen und dann mit einem anderen Gesprächsthema fortfahren (nicht sehr wahrscheinlich, wenn einer von Ihnen kurz vorm Platzen ist) oder entkommen können:

„Darüber bin ich leider nicht informiert, aber ich weiß, dass ich jetzt hungrig bin. Würden Sie mich bitte entschuldigen?"
„Nun, ich glaube, wir können die Probleme der Welt nicht an einem Abend lösen."
„Hören Sie, wie wir uns streiten? Kein Wunder, dass meine Mutter mir immer verboten hat, auf Festen über Politik zu sprechen! Möchten Sie auch etwas trinken?"
Lustig: *„Ich glaube, wir wechseln besser das Thema, sonst müssen wir die Feier verlassen."*

Der Single in der Gesellschaft

Was passiert, wenn Sie sich weit entfernt von jedem Streit wegen der Liebe in die Gesellschaft begeben? Vielleicht sind Sie ja auch aus einem anderen Grund auf der Feier, haben aber durch Zufall diesen besonderen Menschen getroffen, der Ihr Herz zum Klopfen bringt?

Wenn Sie wirklich auf der Suche nach Liebe sind, müssen Sie, auch was die Komplimente betrifft, auf dem Laufenden sein. Heute sind die Unterhaltungen etwas anders, als sie es noch in den beiden letzten Jahrzehnten waren. Auf der anderen Seite: Was ändert sich schon je im Land der Blumen und Bienen?

Alt: *„Sind wir uns nicht schon mal begegnet?"*
Neu: *„Ich glaube, ich kenne Sie aus meinem früheren Leben."*

Alt: *„Sie haben wunderbare blaue Augen."*
Neu: *„Ihre blauen Haare faszinieren mich."*

Alt: *„Ihr Lächeln ist wunderbar."*
Neu: *„Ihre Energie ist umwerfend."*

Alt: *„Sind Sie verheiratet?"*
Neu: *„Sind Sie verheiratet, homosexuell oder bi?"*

Alt: *„Hat Ihnen schon mal jemand gesagt, wie hübsch Sie sind?"*
Neu: *„Hat Ihnen schon mal jemand gesagt, dass Sie eine positive Ausstrahlung haben?"*

Alt: *„Bei dir oder bei mir?"*
Neu: *„Bei meinen Eltern oder bei deinen?"*

Noch ein Ratschlag für die heutigen Singles: Egal, ob Sie sich in einem Fitness-Studio, in einer Selbsthilfe-Werkstatt, auf einer Tagung oder einer guten alten Cocktailparty befinden, bemühen Sie sich, von vornherein keine Einschränkungen bezüglich Ihrer „Zukünftigen" festzulegen. Sie sollten sich immer vornehmen, so viele Leute wie möglich kennen zu lernen. Sie wissen nie, wo Sie Ihren Traumpartner finden; es könnte zum

Schluss der Bruder oder die Schwester einer Party-Bekanntschaft sein. Je mehr Verbindungen Sie knüpfen, desto größer die Erfolgsaussichten. Natürlich ist nichts dagegen einzuwenden, wenn Sie sich zu einer zweiten oder auch dritten Unterhaltung mit einem attraktiven Gast treffen. Aber wenn Sie sich nicht gerade restlos verliebt haben, unterhalten Sie sich auch mit anderen Anwesenden. Er (oder sie) werden sich mehr für Sie interessieren, wenn Sie nicht wie Uhu kleben.

Falls Sie Ihren Traumpartner durch Zufall treffen sollten und auf den ersten Blick verliebt sind, so richtig mit Feuerwerk und Glockenspiel, dann, und nur dann ... können Sie sich ins Privatleben zurückziehen.

Neue Grenzen – Terra Inkognita

Gespräche in der Warteschlange

Es scheint, als ob wir zunehmend mehr Zeit mit Warten verbringen: Schlangen vor den Kassen, in Restaurants, an den Fahrkartenschaltern, in der Bank und auf der Post. Im Kino und – die Schlimmste aller Schlangen: die vor der Damentoilette. Lange Schlangen machen müde, frustrieren und sind langweilig – eine wirkliche Zeitverschwendung. Aber das muss nicht so sein! Fast jede dieser Geduldsproben kann zur Unterhaltung genutzt werden.

Denken Sie mal nach. Da sind all diese Menschen auf einem Fleck, bewegen sich kaum und reden nicht miteinander. Zumindest meistens nicht. Und doch haben alle ein gemeinsames Interesse, nämlich das, worauf alle warten. Das sind mehr Gemeinsamkeiten, als Sie auf vielen Partys haben, wo oft Ihr Gastgeber die einzige Verbindung zueinander ist. Sie wissen gar nicht, welch interessante Menschen Sie kennen lernen, wenn Sie nur die Initiative ergreifen.

Ich will nicht behaupten, dass Unterhaltungen in einer Schlange leicht sind; ganz im Gegenteil, es gibt viele Hindernisse, von denen auch die Schlange selbst eines ist. Im Prinzip versuchen Sie, sich, ohne Ihre Beine zu benutzen, gesellschaftlich zu vergnügen. Viele der sonst vorhandenen Möglichkeiten, zum Beispiel auch die des Verschwindens, sind drastisch eingeschränkt, wenn Sie anstehen. Sie müssen die natürliche Abwehr der Leute gegen Fremde überwinden (viele Menschen fühlen sich nicht wohl, wenn ein Unbekannter sie anspricht), und Sie müssen damit rechnen, dass Ihre Unterhaltung von allen Umstehenden mitgehört wird. In einer Schlange werden Sie sich im Allgemeinen direkt mit ein oder zwei weiteren Wartenden unterhalten, aber Sie geben schon fast eine Vorstellung für eine größere Gruppe – die, da sie sich nicht auf einer offiziellen Veranstaltung befindet, auch keinerlei Hemmungen hat, ungeniert zuzusehen.

Nichtsdestotrotz kann es sehr lohnend, wenn auch sehr fordernd sein, sich beim Warten zu unterhalten. Nachdem Sie auch Ihre Gesprächspartner aller Voraussicht nie wieder sehen werden (das berühmte letzte Wort), ist es auch risikolos. Im Folgenden finden Sie einige Regeln und Beispiele für gesellschaftliche Kontakte in der Schlange. (Die mit * gekennzeichneten Sätze sind universell einsetzbar, sie passen immer.)

Kassenschlange: Leute, die vor Kassen Schlange stehen, können hartgesottene Kunden sein, je nachdem, was sie kaufen. Viele Menschen verschanzen sich hinter ihrer Fassade, wenn sie einkaufen gehen. Machen Sie keine Bemerkungen, wenn Ihnen der Wagen- oder Korbinhalt etwas merkwürdig vorkommt. Sie müssen bei Ihrem ersten Satz bereits unglaublich nett und unbedrohlich wirken.

Lächeln Sie herzlicher und öfter, als Sie das vielleicht normalerweise tun würden. In den meisten Kassenschlangen (wie in Supermärkten) sind Sie streng auf die vor Ihnen und die hinter Ihnen stehende Person beschränkt. Wenn alle Schlangen gleich lang sind und Sie die Wahl haben, suchen Sie doch gleich eine aus, in der Ihr Vordermann (Ihre Vorderfrau) interessant aussieht. Das ist wichtiger, als fünf Minuten schneller zu sein.

Hier ein paar mögliche Gesprächsthemen:

„Oh, ich liebe dieses Zeug."
„Es sieht so aus, als wollten Sie feiern."
„Wollen Sie das alles alleine tragen?"
„Ist hier die Express-Schlange?"
*„Warten Sie schon lange?"**
*„Haben Sie sich schon mal gefragt, wie viel Zeit Ihres Lebens Sie mit Warten verbringen?"**

Karten-, Restaurant- und Kinoschlange: In einer Schlange für eine kulturelle Veranstaltung zu stehen ist eine gute Möglichkeit, um ins Gespräch zu kommen. Sie warten ja auf etwas Angenehmes. Die Mitwartenden sind meistens guter Laune und erwartungsvoll. Oder alle sind ungeduldig. Die meisten Menschen schätzen es gar nicht, wenn sie die Klagen anderer über das Warten hören müssen („Wie lange dauert es denn noch, wann können wir endlich rein?"), es sei denn, die Bemerkung ist geistreich oder witzig. Denken Sie immer daran, Ihre Unterhaltung sollte immer freundlich sein, es sei denn, Sie müssen sich mit den wirklich Arroganten befassen.

Beispiele:

„Wissen Sie, wie das Restaurant (Name) oder der Film (Titel) ist?"
„Waren Sie schon mal hier?"
*„Mir kommt es immer ziemlich komisch vor, so lange warten zu müssen."**
„Hoffentlich ist es wirklich so gut, dass sich die Warterei lohnt."

Vor der Damentoilette: Das ist die Schlange, in der es sich am allereinfachsten unterhalten lässt. Frauen stehen in der scheinbar endlosen und unvermeidbaren Schlange vor den Damentoiletten, nur durch Mitgefühl verbunden, denn alle sind gleichermaßen wütend, dass sie, nur um einem natürlichen Bedürfnis zu folgen, in der Schlange warten müssen und wahrscheinlich deswegen den Beginn des zweiten Akts versäumen werden. Ich habe auf der Damentoilette ganz großartige Menschen kennen gelernt, aber ich finde die Unterhaltung nicht sehr abwechslungsreich. Eigentlich ist das, was ich in der Damentoilette mache, eher als Organisation einer Revolution zu verstehen und nicht als Unterhaltung.

Sätze:

„Wenn ich je Bundeskanzler werde, plane ich die Damentoiletten im ganzen Land neu."
„Ich glaube, ich gehe jetzt zu den Männern."
„Das ist meine Vorstellung von der Hölle."
„Wenn alle Männer mal nur einen Monat lang anstehen müssten, um auf die Toilette zu gehen, wäre die Welt anders."

Bankschlange und in der Post anstehen: In diesen beiden Schlangen ist es schwer, sich richtig zu unterhalten, es sei denn, es passiert etwas Außergewöhnliches, das die Menschen veranlasst, zusammenzuhalten (beispielsweise ein Automat, der seinen Geist aufgibt). Die Menschen sind hier, um ihren Geschäften nachzugehen, und besonders vor dem Geldautomaten sind sie vorsichtig. Hin und wieder jedoch hatte ich Glück. Trotz der Konzentration auf das bevorstehende Geschäft langweilen sich die Wartenden. **Hinweis:** Hier darf man meckern. Die meisten Leute haben auch schlechte Laune.

Beispiele:

„Das Geld reicht heutzutage vorne und hinten nicht."
„Man könnte meinen, dass es mit all dieser Technik schneller geht!"
*„Sie haben aber einen schönen Mantel/Hut."**

„Ich fass' es nicht! Ich will doch nur eine einzige Briefmarke haben."
„Eigentlich merkwürdig, dass fast niemand mehr in die Bank geht."

Wenn Sie bemerken, dass es ein Fehler war, eine bestimmte Person in der Schlange anzusprechen, brauchen Sie trotzdem nicht in Panik auszubrechen. Sie können immer noch entkommen, auch wenn Sie dafür natürlich nicht Ihren Platz aufgeben möchten, gerade, wenn Sie schon eine Zeit lang gewartet haben. Sie brauchen sich nur umzudrehen. Das klingt rüde, ist aber ein für Schlangen akzeptables Verhalten. Tun Sie so, als ob Sie sich zu einer Freundin drehen wollten, um sich mit ihr zu unterhalten, oder jemanden auf der anderen Straßenseite begrüßen möchten. Wenn Sie weiterhin angeredet werden, tun Sie so, als ob Sie es nicht hörten. Das wird wahrscheinlich helfen. Menschen in Warteschlangen gehen sehr oberflächlich miteinander um.

Im Aufzug

Mich stört es immer, dass die Menschen so offensichtlich Schwierigkeiten haben, sich im Aufzug miteinander zu unterhalten. Wir betreten diese kleine Kabine, stehen dicht an dicht, starren auf die Anzeige und atmen erleichtert durch, wenn wir endlich aussteigen können. Die meisten Leute geben eine gute Begründung für dieses Verhalten an. Unsere Intimsphäre ist so klein geworden, dass wir uns auf andere Weise voneinander abgrenzen müssen. Das ist verständlich, denn wir stehen wirklich aneinander gedrängt. Aber wenn Sie es genau analysieren, stehen Sie auf einer großen Feier auch nicht weiter auseinander. Der Unterschied ist der, dass Sie auf engem Raum in einer Kabine stehen, die sich bewegt und ein Gefühl der Unsicherheit vermittelt. Jeder ist leicht angespannt. Aber – warum unterhalten Sie sich nicht einfach darüber und lösen so das Problem?

Wir leben jetzt, Leute. Wir müssen unsere Steifheit im Aufzug besiegen und stattdessen den Vorteil dieser einmaligen Gelegenheit erkennen. Ich denke, die Menschen sind insgeheim ganz verzweifelt und wollen die Zeit, die sie im Aufzug verbringen, erhebend gestalten. Sind Sie bereit für die Regeln?

1. **Grüßen Sie.** Es ist wichtig, zu grüßen, wenn Sie in den Aufzug eintreten. Grüßen Sie auch die Personen zurück, die nach Ihnen kommen. Sie werden überrascht sein, welche Wirkung das auf die Anwesenden hat. Lächeln Sie dabei auch immer. (Ihr Lächeln muss dabei ein bisschen unpersönlicher wirken als das, was Sie normalerweise auf einer Party haben würden, besonders dann, wenn Sie der einzige Fahrgast sind. Sie wollen doch niemanden erschrecken.)
2. **Schließen Sie alle Leute, die sich im Aufzug befinden, mit in Ihre Unterhaltung ein.** Wenn Sie mit jemand anders zusammen in den Aufzug einsteigen oder dort einen Bekannten entdecken, sollten Sie nicht die anderen Anwesenden ignorieren. Das ist eine Herausforderung, da es für die meisten Menschen ganz normal ist, sich zu zweit zu unterhalten und die anderen vier daneben einfach zu ignorieren. Ich fand so ein Verhalten immer schon unnatürlich und feindselig, und es ist an der Zeit, es abzuschaffen. Sie sollten sich so benehmen, als ob Sie und Ihre Freundin gerade auf einer Feier in eine neue Gruppe gekommen wären. Wenden Sie sich zu den bereits Anwesenden (nur wenig, denn die meisten Menschen, die noch nichts von den sich ändernden Zeiten in Sachen Aufzug-Höflichkeit gehört haben, werden mit dem Gesicht nach vorne stehen). Suchen Sie kurzen Augenkontakt beim Grüßen und dann hin und wieder in der Unterhaltung – aber nur für Sekunden. Je kleiner und voller der Aufzug, desto seltener sollten Sie Ihre Mitfahrer anschauen.
3. **Machen Sie niemals Witze darüber, dass der Aufzug abstürzen könnte.** Es ist immer gut, eine schwierige Situation durch Humor zu überwinden, und auf jeden Fall verlockend, Witze über gerissene Seile und Stromausfälle zu machen, aber hüten Sie sich davor. Die meisten Anwesenden werden darüber lachen, aber für einen Menschen mit Platzangst ist es katastrophal.
4. **Themen:** Die Langsamkeit des Aufzugs, die Einrichtung oder den Sicherheitsdienst des Gebäudes (soweit vorhan-

den). Wenn Sie sich in einem Wohnhaus befinden, könnten Sie sich über die Post unterhalten (keine Privatpost, sondern zum Beispiel Zeitungen). Ich musste einmal lange mit jemandem zusammen fahren, der eine Computer-Zeitung dabei hatte, und wir unterhielten uns angeregt über den besten Word-Processor, den es für Schriftsteller gibt. Meistens dauern Aufzugfahrten nicht lange, also fangen Sie am besten schon während des Wartens an, Kontakte zu knüpfen. (Hierdurch haben Sie wirklich gute Aussichten, Ihre Unterhaltung auf fünfzehn Minuten auszudehnen.) Hier einige Vorschläge, wie Sie anfangen können:

„Entschuldigung, aber arbeiten (wohnen) Sie auch hier?"
„Gibt es in diesem Haus einen 13. Stock? Wirklich? In Amerika ist das meist nicht der Fall."
„Wir können uns nicht dauernd nur hier begegnen!"
„Wird Ihnen in einem Aufzug auch schlecht, oder geht es nur mir so?"

Feiern mehrerer Generationen

Ein Trend, der sich mittlerweile auf Feiern ausgedehnt hat, ist, dass Gäste ihre Kinder mitbringen. Wenn Sie über 30 sind und ein Fest geben, werden Kinder mitgebracht, es sei denn, Sie lehnen es ausdrücklich ab. Dies ist relativ neu, aber stark im Kommen und deshalb sollten Sie einige Dinge über das Verhalten auf Feiern mit Gästen mehrerer Generationen wissen.

Im Allgemeinen verschönern Kinder eine Feier eher, als dass sie stören. Der eindeutige Grund hierfür ist, dass Kinder eine schier unerschöpfliche Quelle der Unterhaltung sind. Sie können immer wieder neue Beobachtungen machen. Und was Komplimente betrifft: Sie brauchen sich niemals mehr eine nette Bemerkung über die neuen Ohrclips abzuringen, denn der direkte Weg in das Herz der Anwesenden führt über ein Lob der Sprösslinge. Man sollte meinen, diese Tricks würden sofort durchschaut, aber dies ist nie der Fall. Denken Sie immer daran, dass ohne Ausnahme alle Eltern der Meinung sind, ihr Kind sei das größte Wunder, das die Welt je gesehen hat. Auf ihre Weise haben sie Recht. Kinder sind etwas Wunderbares, und es macht auch Spaß, sie auf einer Feier dabei zu haben (solange es nicht Sie sind, der aufpassen muss, dass die Sektgläser nicht zu Bruch gehen).

Auf Feiern, bei denen mehrere Generationen vertreten sind, müssen Sie aufpassen, wie Sie reden. Ich meine das nicht nur in Bezug auf Fluchen und Grobheiten. Jede Generation hat ihre eigene Sprache, und Sie müssen darauf achten, dass Sie auch von allen verstanden werden. Natürlich ist auch der Stil Ihrer Unterhaltung ein ganz anderer, denn Sie werden nicht wie üblich in kleinen Grüppchen stehen, sondern wahrscheinlich sitzen. Viele Gäste tun das, manche sogar auf dem Boden (Herausforderung ist der Versuch, vom Boden aus einem Gespräch zu entkommen). Sie sollten älteren Gästen und Kindern Erfrischungen anbieten und Ihren Sitzplatz Senioren zur Verfügung stellen. Achten Sie aber darauf, dass der Empfänger Ihrer Wohltaten den Sitzplatz auch wirklich benötigt und sich nicht beleidigt fühlt.

Meiner Meinung nach ist es ein großer Fortschritt für unsere Gesellschaft, dass die Tendenz in Richtung Feiern mit Kindern, Eltern und Großeltern geht. Jede Altersgruppe hat ihre eigenen Lebenserfahrungen gemacht, und je größer die Vielfalt, desto interessanter die Unterhaltungen.

Gesellschaftliche Kontakte im New Age

Anscheinend unterhalten sich die Menschen vieler verschiedener gesellschaftlicher Schichten der ganzen Welt über Spiritualität und die Themen des New Age, wie Astrologie, Channeling, Heilungen, Körperarbeit, Yoga, schamanische Reisen und Tarot. Da sich viele Menschen für diese Dinge interessieren, bietet sich hier ein hervorragendes Reservoir für vielfältige und anregende Gespräche.

Wenn Sie zu den Leuten gehören, denen sich die Haare aufstellen, sobald die Rede auf New Age kommt, denken Sie daran, dass sich die interessantesten Unterhaltungen oft um Philosophie und menschliches Verhalten drehen. Was interessiert Sie mehr – ein ausführlicher Bericht der gestrigen Einkäufe oder die Träume der vergangenen Nacht? „Glauben Sie an Visionen?" ist eine entschieden provokantere Frage als „Sind Sie öfter hier?" Außerdem müssen Sie in der wunderbaren Welt der gesellschaftlichen Kontakte nichts ernst nehmen; Sie sollen sich vergnügen. Lassen Sie sich darauf ein, wenn Ihr Gegenüber das Thema plötzlich auf Wiedergeburt bringt.

Auf der anderen Seite denken Sie als Anhänger der Neuen Spiritualität vielleicht, dass gesellschaftliche Veranstaltungen altmodische und von Alkoholikern und anderen unliebsamen Subjekten frequentierte Veranstaltungen seien. Ganz im Gegenteil! Gesellschaftliches Miteinander tut allen gut, egal, ob Sie nun lieber Martini oder Karottensaft trinken. Wenn Sie im Umgang mit anderen das „Neue Bewusstsein" einbringen können, ist das vielleicht die benötigte Würze in der Suppe.

Sie sollten dennoch vorsichtig sein, mit wem Sie sich über diese kontroversen Themen unterhalten. Möglicherweise ist es ähnlich wie bei der Religion (diesem alten Tabu), und, wichtiger noch, manche Menschen könnten denken, dass Sie nicht ganz bei Trost sind. Versuchen Sie es zur Einschätzung der Situation mit einer Testfrage. Einen guten Einstieg bietet möglicherweise die Frage, ob die anderen Gruppenmitglieder schon mal bei einem Hellseher waren. Hellseher sind bekannt, und fast jeder kennt jemanden, der schon mal bei einem war. Aus den Reaktionen können Sie dann ableiten, ob Sie sich mit diesen „neuen" Themen weiter vorwagen können. (Es kommt nicht so sehr darauf an, was geantwortet wird, sondern wie.)

Sind die Reaktionen

a. gespannt,
b. neugierig,
c. nervös,
d. sarkastisch,
e. beleidigend?

Wenn die Antworten unter a, b oder auch c einzuordnen sind, können Sie beruhigt fortfahren, aber bei d oder e sollten Sie das Thema wechseln. Unterhalten Sie sich weiter über Fußball, wenn Sie sich nicht lächerlich machen wollen.

Aber egal, ob Sie sich in der richtigen Gesellschaft befinden oder Lust auf ein Gespräch über das New Age haben, ein Gesellschafter des New Age zu sein hat andere Vorteile. Sie können Ihre mentalen Kräfte nutzen, um wie ein erfahrener Unterhalter aufzutreten. Je nach Ihren Fähigkeiten haben Sie nicht nur die Möglichkeit, lästigen Typen – Betrunkenen, Arroganten und anderen unverschämten Gästen – aus dem Weg zu gehen, sondern auch ein Gefühl dafür, was Sie sagen müssen, um sich mit allen Anwesenden wirklich gut zu unterhalten. Natürlich spüren Sie sofort, wenn Sie auf jemanden treffen, der Ihnen bereits aus einem früheren Leben bekannt ist; eine Beziehung, die Ihre momentane Unterhaltung beeinflussen könnte. Und Sie erkennen oder vermuten zumindest, wann Ihnen ein schlechtes Karma Ihre Energie raubt. Aber das Beste ist: Sie können jedem, den Sie treffen, positive Energien vermitteln, und das ist ja das Ziel eines jeden Gesellschafters.

Gesellschaftlicher Umgang miteinander – die neue Hoffnung

Ich hoffe, die Hinweise, Techniken und Tricks, die in diesem Buch besprochen werden, sind Ihnen im Umgang mit anderen Menschen nützlich. Sicherlich sagen Ihnen nicht alle Vorschläge zu, aber wenn es Ihnen gelingt, nur eine einzige dieser Möglichkeiten zu einem Bestandteil Ihres gesellschaftlichen Lebens zu machen, befinden Sie sich bereits auf dem besten Weg, ein guter Unterhalter zu werden. Ich möchte Ihnen Mut machen, die Tipps und Tricks auszuprobieren, die Ihnen besonders zusagen. Sie werden sich über Ihre Begabung wundern. Wenn Sie wirklich die Kunst des gesellschaftlichen Umgangs erlernen wollen, können Sie alle Techniken, die in diesem Buch besprochen werden, perfektionieren, indem Sie Ihre eigenen Methoden und Gesprächsthemen entwickeln. Aber egal, wann und wie Sie sich gesellschaftlich betätigen, denken Sie immer an Ihr wichtigstes Ziel – sich zu vergnügen.

Vielleicht kommt eine Zeit, in der Menschen keine Anleitung mehr brauchen, um sich miteinander unterhalten zu können, und Gesellschaftphobie kein Thema mehr ist. Dann gehören Überlebensphantasien der Vergangenheit an, die Arroganten werden zu Engeln und niemand denkt mehr daran, zu

„flüchten". Lügen – auch aus gesellschaftlichen Gründen – sind unbekannt; vielleicht werden wir uns sogar auf telepathischem Weg verständigen.

Schätzungen gehen davon aus, dass die Erde bis zum Jahr 2025 zehn Milliarden Bewohnern eine Heimat sein wird – fast doppelt so vielen wie heute. Bei unseren schwindenden Ressourcen ist dies eine erschreckende Vorstellung. Aber solange die Menschen sich immer noch nur um des Vergnügens willen unterhalten und in großen Gruppen zusammenfinden möchten, so lange gibt es Hoffnung für die Zukunft.

Also, unterhalten Sie sich!

Stichwortverzeichnis

A

ABC, vorgeschlagenes, 47–53
Ablehnung, eisige, 42
Abneigung, unkontrollierbare, 35
Abtreibung, 152
Abwehrmanöver, 68
Accessoires, 32, 111
Adrenalin-Schock, 66
Akzent, 105
– britischer, 105
– französischer, 105
Alphabet-Sätze, 53
Anekdote, 132
Angst überwinden, 15
Anlaufzeit, stressfreie, 23
Anstandsregeln, 59
Arroganten, die, 140
Art
– tolpatschige, 101
– unhöfliche, 87
– wirkungsvolle magische, 15
Assoziation, freie, 93
Auffassungsgabe, unheimlich schnelle, 47
Aufgaben, komplizierte gesellschaftliche, 15
Auftritt, gelungener, 27
– Grundlagen, vier, 29
Aufzug, 160
Augenkontakt, 64
Ausblendungs-Methode, 77
Aus-dem-Weg-gehen, 57
Ausstrahlung, 32

B

Bar, 117
– Regeln, 118
Beleidigungen, 33, 145
Benimm, 27

Berufliches, 43
Berühmtheit, 19
Berührungen, 109
Betonung, 65
Betrunkene, 136
Bewegung, Wechsel durch, 78
Bildungstest, 34, 45, 56
Bitte äußern, 57
Blamage, öffentliche, 130
Blick
– eisiger, 40
– starrer, 73
Büffet, 117
– Regeln, 118

C

Charakter, schlagfertiger, 35
Charme, 103
Clique, Auswahl Ihrer ersten, 21
Columbo-Methode, 101

D

Damentoilette, 159
Dialekt, 105
Diplomatie, 153
Direktheit, 77
Dritte, der unsichtbare, 18

E

Ehrliche, der, 29
Ehrlich-Methode, 30, 53
Einblendungs-Methode, 31, 40
Einleitung, missglückte, 40
Einmischen, 102
Entkommen, 154
Entscheidung, wichtige, 25
Entschuldigung
– bekannte, 84
– ehrliche, 77

Enttäuschung, 40
Entzerren, 154
Erinnerungslücken, 129
Eröffnungen, 35
-Regeln, 36
Eröffnungssätze, schlagfertige und witzige, 36
Ersatzangebot, 85
Eselsbrücken, 46
Extremsituation, 86

F

Fähigkeit, wichtige kommunikative, 30
Fallstricke, mögliche, 43
Falsch angezogen, 125
Fanatiker, 89
Fanatismus-Test, 153
Fantasie, 123
Farbwahrnehmung, 54
Fauxpas, 34, 66, 124, 126f., 129f., 132
Fettnäpfchen, 32, 131
Fieslinge, schweigsame, 41
Filmdialoge, 103
Flexibilität, 123
Flucht(-), 71, 73, 76
– techniken, 75
– unhöfliche, 87
Fortgeschrittene, 91
Frechheit, 34
Freunde, 19
Fußarbeit, 91

G

Gastgeber, Ihre Aufgaben als, 119
Gedanken, 76
Gedankenstrich-
– Methode, 66
– Sätze, 67
– Taktik, 147
Gefühlvolle, der, 109
Geheimnisvolle, der, 107

Gelächter – Schlüssel zum Erfolg, 67
Generationen, mehrere, 162
Geschäftsgespräche, 59
– erlaubt, 59
– verboten, 60
Geschlechtsspezifität, 54
Gesellschaft(s-)
– geschlossene, 133
– löwen, 74, 79
– neulinge, unternehmungslustige, 19
– phobie, 15, 17, 37, 39, 56, 112, 118, 142, 165
– phobiker unter sich, 138
– sitzende, 142
– spiele, 136
Gesellschafter, sechs Tricks für den selbstsicheren, 99
Gesicht wahren, 73
Gesprächen entkommen, 71
Gesprächs-
– beendigungen, 66
– partner wechseln, 73
– pause, 42
– themen, 46
– aktuelle, 150
Glaubwürdigkeit, 30
Glückspilze
– männliche, 20
– weibliche, 20
Glückspilz-Methode, 19, 62, 108, 115
Grapscher, hartnäckige, 109
Grenzen
– erkennen, 152
– neue, 156
Grundregel, die einfachste und älteste, 25
Gruppe
– kleine abgeschottete, 29
– laute dominante, 21
– verschwundene, 74

H

Händeschütteln, 27
– Element, verbindendes, 30
– Unternehmen, äußerst riskantes, 27

Handküsse, 144
Hilfe(-)
– erste, 132
– stellung, 16
Hilflose-Hannah-Methode, 55
Hilfsmittel, 111
Hingucker, persönlicher, 111
Hors-d'oevre-Manöver, 116
Huckepack-Methode, 97
Humor, 41, 59, 67, 126, 161

I

Integration, 31
Intimsphäre, 144
Ironie, 59

K

Klatsch, 58, 97
Kleider, des Kaisers neue, 17
Kleidung, falsche, 125
Klischees, 58
Kommunikation(s-)
– Grundregeln menschlicher, 64
– mittel, exzellentes nonverbales, 110
Kompliment-Methode, 31, 44
Kontakte, zwanglose gesellschaftliche, 54
Kontrollverlust, 154
Konzentration(s-), 123
– fähigkeit, geringe, 66
Körper
– pflege, 89
– sprache, 107
Krankheit, ansteckende, 89

L

Lächeln, 28
– festgefrorenes, 73
– Stil, persönlicher, 28

Langeweile, 73
Langweiler, 23
Laune, gute, 130
Lügen, 41, 76, 100

M

Meinungsverschiedenheiten, politische, 151
Menschen
– arrogante, 140
– zurückhaltende, 17
Methode
– bösartige, 21
– schnellste, 85
– sprachlose, 145
Moats, Alice Leone, 136
Momente
– die ersten schwierigsten, 15
– peinliche, 124
Mut, 30, 53

N

Namensschilder, 60
– interessante Art, 62
– konservative Variante, 63
– Unverschämtheit, 63
Nervensägen, 22
Neuigkeiten, interessante, 96
Neuorientierung, 79
New Age, Themen des, 163
Notausstieg, 86
Notlügen, 123

O

Oberflächlichkeiten, 96
Offenheit, 77
Opfer, menschliches, 81, 143
Ort, zwangloser, 134

P

Panik, 15, 39f., 114, 127, 146
Papagei-Methode, 94
Partner-Methode, 18, 36
Partymuffel, 140
Politik und Religion, 151

R

Raffinesse, 101
Reinfall, 33
Religion und Politik, 151
Rettung, letzte, 87
Rückzug, 44, 69
– neun Taktiken, 77

S

Sardinenbüchse, 133
Sarkasmus, 59
Schaden, seelischer, 35
Schein, äußerer, 23
Schmetterlingsflirt, 98
Schütteln und Gehen, 80
Single, 155
Situation
– außergewöhnliche, 123
– konfliktarme, 30
Slang, gegenwärtiger, 150
Spiele, 53
Spiritualität, 163
Sprengstoff, kultureller, 105
Stillstand, 76
Suche, falsche, 85

T

Technologien, neue, 149
Telefon-Methode, 84
Terra Inkognita, 156

Tête-à-tête, 109
Thema, schmerzhaftes, 71
Themenauswahl, 53
Tricks, harmlose, 84
Trinksprüche, 106
Trumpf, 68

U

Überleben, fünf Regeln zum, 76
Überlebensstrategien, vier, 16–21
– Dritte, der unsichtbare, 18
– Glückspilz-Methode, 19, 62, 108, 115
– Kleider, des Kaisers neue, 17
– Partner-Methode, 18, 36
Übertreibungen, 33
Überzeugungen, 36
Umgang, gefühlvoller, 109
Unaufmerksamkeit, 66
Unsichtbar sein, 18
Unterbrechen, 101
Unterhaltung(s-), 39
– für Sprachlose, 46
– geschäftliche, 42
– kunst, die goldenen Regeln der, 43
– künstler, 91
– politische, 151
Unwohlsein, 73

V

Venus-Fliegenfalle, 142
Veranstaltungen, schwindsüchtige, 135
Verbeugungen, 110
Verhalten(s-)
– gesellschaftliches, 31
– strategien, gesellschaftliche, 22
– ungezwungenes, 17
Verlegenheit, 44
Verluste minimieren, 147
Verschwinden, 79
Verwechslungskomödien, 99

Verweigerung, stumme, 40
Vorbild, 20
Vorstand, gesellschaftlicher, 120
Vorstellungen, 128
Voyeurismus, 58

W

Wachablösung, 78, 82
Wahl, schlechte, 102
Warteschlangen, 156
Wechsel durch Bewegung, 78
Witze-Erzähler, 69
Wohl, persönliches, 57

Z

Zeit, optimale, 74
Ziele, altruistische, 120
Zielperson, 24
Zigaretten, 113
Zusammenhalt, 135
Zuversicht, 36

mvg
Wir geben Antworten

Der Kampf der Geschlechter

**Anna Collins
Elliot Sullivan**

Männer wollen nur das eine – Frauen auch!

Der ultimative Survival-Guide für jede Beziehung

Die Antwort auf John Grays Bestseller: Männer sind anders, Frauen auch!

mvg

„Die Männer werden die Frauen niemals verstehen, und die Frauen werden die Männer niemals verstehen – und das ist eine Sache, die weder Männer noch Frauen jemals verstehen werden." Gemäß diesem Motto haben die Autoren diese amüsante Mischung aus Ratgeber und Parodie verfasst, in der alle Höhen und Tiefen zwischenmenschlicher Beziehungen aufgezeigt werden. Auf nicht ganz ernste Weise wird das perfekte Beziehungschaos beschrieben und hilfreiche Tipps gegeben, damit der „Krieg der Geschlechter" möglichst lange andauert.

144 Seiten, Taschenbuch
ISBN 3-478-08619-1

Jetzt bei Ihrem Buchhändler

mvg www.mvg-verlag.de
86895 Landsberg